リベルタス学術叢書 8

# カール・マルクスの哲学

ミヒャエル・クヴァンテ

大河内泰樹・瀬川真吾・明石英人・菊地賢【訳】

**Michael Quante**
Marxaufsätze
©Westfälische Wilhelms-Universität (Schlossplatz 2, 48149 Münster, Nordrhein-Westfalen, Deutschland)

# 目　次

　　凡　例　5
　　日本語版序文　7

## 第1章　人間の解放 …………………………………………………… 11
　1.1　ブルーノ・バウアーの構想　12
　1.2　カール・グリューンの批判　17
　1.3　カール・マルクスの批判　21
　1.4　共通点と相違点の概観　25
　1.5　関連する問い　27

## 第2章　政治的なものの埋葬 …………………………………………… 31
　2.1　マルクスのヘーゲル受容　35
　　2.1.1　ヘーゲルの遺産をめぐる争い：神学、哲学、個体性　36
　　2.1.2　ルートヴィヒ・フォイエルバッハの二重の影響：
　　　　　　観念論批判と宗教批判　36
　　2.1.3　古い信仰と新しい信仰：哲学の周縁化　38
　2.2　カール・マルクスの類形而上学　40
　　2.2.1　ヘーゲル、フォイエルバッハ、ヘス
　　　　　　——マルクスの類形而上学の三つの源泉——　40
　　2.2.2　マルクスによる二つの拡張　41
　　2.2.3　疎外の四つの次元　44
　2.3　政治的なものの埋葬　46
　　2.3.1　自律なき本質主義　46
　　2.3.2　意志形成ではなく計画化　48
　　2.3.3　個別性の抹消　48

## 第3章　承認と類的存在 ………………………………………………… 51
　3.1　「対象化」と「疎外」の概略　51
　3.2　類的存在概念　54
　　3.2.1　思想史における文脈　54
　　3.2.2　形而上学的側面　58
　3.3　類的存在の社会的文法としての承認　62
　　3.3.1　ヘーゲルの承認　63
　　3.3.2　価値評価的批判の基礎としての承認　64
　　3.3.3　価値評価的対案としての承認　76
　3.4　結論：マルクスにおけるユートピアと反ユートピア　81

第4章　歴史の構想……………………………………………………………83
　4．1　二つの回顧　83
　4．2　『ドイツ・イデオロギー』における歴史概念および歴史哲学　85
　　　4．2．1　『ドイツ・イデオロギー』の歴史哲学　85
　　　4．2．2　『ドイツ・イデオロギー』における歴史概念　94
　4．3　哲学の彼岸における歴史理解？　97

第5章　承認と経済学批判……………………………………………………101
　5．1　背景としてのヘーゲル　103
　5．2　1844年「ミル評注」におけるマルクスの承認概念　105
　5．3　『資本論』における承認　109
　5．4　マルクスの経済学批判における承認と倫理的次元　121

第6章　市場批判………………………………………………………………123
　6．1　ヘーゲルとマルクスの行為論的基礎　125
　　　6．1．1　ヘーゲルにおける行為概念　125
　　　6．1．2　マルクスにおける行為概念　128
　6．2　意図的行為の意図せざる結果の問題と市場　129
　6．3　ヘーゲルとマルクスの間の差異の深層構造　136
　6．4　展　望　141

第7章　ヘーゲル弁証法の止揚………………………………………………145
　7．1　ヘーゲル左派のコンテクスト　147
　7．2　『経済学・哲学草稿』のヘーゲル批判　150
　7．3　マルクスの第二のヘーゲル受容　157
　7．4　マルクスにおける弁証法の二つの形式　165
　7．5　マルクスの理論プログラムにとっての諸帰結　167

　参考文献　171
　訳者あとがき　175

## 凡　例

1. 本書は、Michael Quante, Marxaufsätze の翻訳である。本書の成り立ちについては「訳者あとがき」を参照されたい。
2. 引用文について、日本語訳のあるものについては参照したが、必要に応じて適宜変更を加えている。
3. 原文で下線にて強調された箇所については傍点を付した。
4. 〔　〕内は訳者による補足である。
5. 〈　〉は原文にはないが、訳出にあたり語のまとまりをわかりやすくするために使用した。
6. 原語を併記する際には［　］を用いた。
7. 以下の著作への参照指示に際しては略号を用いる。
   略号
   MEGA: Marx, K. / Engels, F. (1982) : *Marx/Engels Gesamtausgabe*.
   MEW: Marx, K. & Engels, F. (1956) : *Werke*. Berlin.
   その他の略号については、巻末の参考文献リストを参照されたい。
8. 以下の著作の引用にあたっては訳書の略称と頁を〔　〕内に併記する。
   1. マルクスないしマルクス／エンゲルス
   「ユダヤ人問題」：『マルクス=エンゲルス全集』第1巻（大月書店、1959年）所収
   『経哲草稿』：『マルクス=エンゲルス全集』第40巻（大月書店、1975年）所収
   『ミル評注』：『マルクス=エンゲルス全集』第40巻（大月書店、1975年）所収
   『聖家族』：『マルクス=エンゲルス全集』第2巻（大月書店、1960年）所収
   「フォイエルバッハテーゼ」：『マルクス=エンゲルス全集』第3巻（大月書店、1963年）所収
   『ドイツ・イデオロギー』：「ドイツ・イデオロギー」、『マルクス=エンゲルス全集』第3巻（大月書店、1963年所収）
   「見解」：「ヘーゲルとフォイエルバッハに関係にたいする自分の関係についてのマルクスの見解」『マルクス=エンゲルス全集』第3巻（大月書店、1963年）所収
   『経済学批判要綱』：資本論草稿翻訳委員会『マルクス資本論草稿集1／2 1857-58年の経済学草稿Ⅰ／Ⅱ』（大月書店、1981／1993年）
   『初版　資本論』：『初版　資本論』江夏美千穂訳（幻燈社書店、1983年）
   『資本論　第1巻』(第4版)：『資本論』資本論翻訳委員会訳（新日本出版社、1982-1989年）
   『資本論　第3巻』：同上
   『諸結果』：『資本論第一部草稿―直接的生産過程の諸結果』森田成也訳（光文社、2016年）

   2. ヘーゲル
   『精神現象学』：『精神現象学 上巻』樫山欽四郎訳（平凡社、1997年）
   『自然哲学』：『自然哲学 下巻』加藤尚武訳（岩波書店、1999年）
   『法哲学』：『法の哲学Ⅰ／Ⅱ』藤野渉・赤沢正敏訳（中央公論社、2001年）

   3. ヘーゲル左派
   ヘス
   「ヨーロッパの三頭制」：神田順司・平子友長訳、「ヨーロッパの三頭制」、良知力・廣松渉編『ヘーゲル左派論叢』第2巻（御茶の水書房、1986年）所収
   バウアー
   『ユダヤ人問題』：篠原敏昭訳「ユダヤ人問題」、良知力・廣松渉編『ヘーゲル左派論叢』第3巻（御茶の水書房、1986年）所収
   「ユダヤ教徒とキリスト教徒」：川越修訳「現代のユダヤ教徒とキリスト教徒の自由になりうる能力」、良知力編『資料ドイツ初期社会主義 義人同盟とヘーゲル左派』（平凡社、1979年）所収

グリューン
　　「ユダヤ人問題」：植村邦彦・篠原敏明訳「ユダヤ人問題―ブルーノ・バウアーへの反論」、
　　　良知力・廣松渉編『ヘーゲル左派論叢』第3巻（御茶の水書房、1986年）所収
　　フォイエルバッハ
　　「批判」：「ヘーゲル哲学の批判」松村一人・和田楽訳『将来の哲学の根本命題』（岩波文庫、
　　　1967年）所収
　　「テーゼ」：「哲学改革のための暫定的命題」同上所収
　　『根本命題』：「将来の哲学の根本命題」同上所収
 9．上記以外の文献への参照指示については、巻末の「参考文献」を参照のこと。

# 日本語版序文

　2018年はカール・マルクスの生誕200年を祝う年である。この記念祭によって、マルクスならびにマルクスの著作は世界規模で高い注目を集めた。イコンとしてのマルクスは、おそらくチェ・ゲバラと比較可能であろうが、20世紀の多様な政治的社会的運動には、ひとつの顔、つまりマルクスの顔が与えられてきた。1883年にカール・マルクスが亡くなって以降、彼の思想が私たちの思想や私たちの社会の発展に多様な仕方で影響をもたらしたことは否定されえない。

　過去数十年の危機は、世界規模で、あるいはヨーロッパ内部でも、カール・マルクスの思想が彼の「端数の揃った」誕生日を越えて、いまなおアクチュアリティを持つことを明らかにした。経済危機は、少なくとも一見したところでは、彼の資本主義批判の色あせないアクチュアリティを裏付けている。移民の動きは、資本主義がグローバルな出来事であり、国際的な観点のなかでしか把握され得ないことを痛ましいほどまでに印象的に示している。ヨーロッパ連合のいくつかの加盟国の経済危機の「克服」、それからまたヨーロッパにいま辿り着きつつある第三世界における資本主義的搾取の犠牲者について手の打ちようがないという状況を鑑みれば、ヨーロッパ連合の現在の政治はカール・マルクスのテーゼを証明しているように見える。すなわちそれは、国民国家を用いても道徳を用いても資本主義にはうまく対処することができないというテーゼである。あらゆる種類の宗教的な原理主義ならびに国民主義的エゴイズムの再台頭も、マルクスの理論の証明として解釈され得る。すなわち、資本主義によって引き起こされた人間の疎外は絶え間なく継続しているのであり、人間はそれに回顧的なコンセプトと投影でもって反応するのである。

　これらの論拠はすべて拒絶することのできないものである。とはいえ、記念祭のみ、あるいは具体的な出来事のみに頼るアクチュアリティには注意せねばならない。これらと結び付いたカール・マルクスの思想と著作への関心の高まり〔好景気〕は、危険をはらんでいると同時に問題でもある。それが危険をはらんでいるのは、どんなブーム〔好景気〕もいずれ後退するし、そのことでもって確かにカール・マルクスは忘却されてしまうわけではないにしても、再び歴史的人物という棚にしまい込まれてしまう危険があるからである。そしてそうしたブームが問題であるのは、それがマルクスの思想の体系に根ざす彼の著作の本来のアクチュアリティから目をそ

らさせ、表面的なものだけにとどまり続けることになってしまうからである。これが少なくとも、本書に収録されたカール・マルクスの哲学についての諸論文の核心テーゼである。

　カール・マルクスの体系的アクチュアリティは、本書の中心的想定にしたがえば、彼の哲学のうちにある。この哲学はドイツ観念論を背景にしてのみ、そしてヘーゲル左派の哲学的議論の文脈においてのみ適切に理解されうる。マルクス哲学は、本書で説明される提案によれば、哲学的人間学として読まれるべきなのである。そのなかで承認と疎外、連帯と物象化〔物化〕、成功した人間の人生と失敗した人間の人生は、マルクスの人間主義(ヒューマニズム)の中心的な諸要素として明らかにされる。その際、マルクスによる経済学(ポリティカル・エコノミー)批判は批判的社会哲学として再構成されうる。そのなかでカール・マルクスは、資本主義が必然的に失敗に終わらざるを得ない人間の生活形式であることを証明しようとするのである。資本主義の危機が──マルクスはそう理解されるべきなのだが──経済的な危機であるのは表面上だけでのことである。しかしその奥深くで、資本主義の危機は、人間にとって適切な生活形式とこれを実現する社会的編制へ向かう途上における人間の根本的な分裂を表している。

　ドイツ観念論の伝統に根ざし、古典的な人文主義(ヒューマニズム)という根から栄養を得ている哲学のこうした人間学的基礎に依拠するカール・マルクスの著作には、色あせることのないアクチュアリティがある。マルクスの思想を継承することは、批判的反省を欠いては成功し得ない。問われるべきはつねに、当時の前提と枠組み条件のうちの何が、カール・マルクスの構想の問題や弱点となったのかである。明らかにされるべきは、20世紀に学んだ経験も踏まえて、私たちがマルクスの批判と解決アプローチのうちのどれに従うべきではないのかである。そしてつねに考慮に入れておかねばならないのは、19世紀の思想家が21世紀のあらゆる問題に対する答えを提供することはできないということである。

　本書に収められた諸論文のなかでは、カール・マルクスの哲学的思想の色あせることのないアクチュアリティに体系的な関心を持って接近することが試みられている。それらはとりわけ、マルクスに処方箋や既成の答えなど求めないという点でマルクスの思想を継承しようとするものである。マルクスから着想を得る者は、二つのことを同じだけ行わなければならない。すなわち、一方でラディカルな批判力を用いること、他方で自分自身の理解力を用いる用意ができていることである。本書がそれに伴う要求を満たしているのか、そしてどの程度満たしているのかは、読

者の判断に委ねたい。
　この私の論考が日本語で読めるようになったことは喜ばしいことである。本書の翻訳と編集に多大な労力を割いてくれた大河内泰樹と瀬川真吾には、心からの謝意を表する。そして草稿の編集を手助けしてくれたバーバラ・ゴッツェスにも謝意を表する。

ミュンスター　2018年10月
ミヒャエル・クヴァンテ

# 第1章
# 人間の解放

　1843年から1846年にかけて行われた「ユダヤ人問題」を巡るヘーゲル左派の議論は、二つの段階に区別することができる。議論の第一段階は1843年に始められた。この年にブルーノ・バウアーは『ユダヤ人問題』という著作を出版したのだが、この著作は1842年にアーノルド・ルーゲによって編集された『ドイツ年誌』に掲載された記事の再録と、ゲオルク・ヘルヴェークによって編集された『スイスからの二一ボーゲン』に掲載された「今日のユダヤ教徒とキリスト教徒の持つ解放される能力」という論文からなるものであった[1]。その翌年にカール・グリューンの『ユダヤ人問題－ブルーノ・バウアー論駁』という著作、ならびに──アーノルド・ルーゲとカール・マルクスによって編集された『独仏年誌』の唯一公刊された巻において──カール・マルクスの「ユダヤ人問題について」が発表された[2]。

　1845年から46年のあいだに論争の第二ラウンドが生じる（ブルーノ・バウアーに関して言えば、こうした第二局面はすでに1844年の末に始まっている）。ブルーノ・バウアーは、一部は彼自身によって編集されたものの、たいていは短命に終わったいくつかの雑誌のなかで論文を発表しており、それらの雑誌のなかで彼は自身の『ユダヤ人問題』を批判する人々とも、それ以外の彼の刊行物を批判する人々とも論争している。ヘーゲル左派の議論では珍しくない激しい論争のなかで、短期間のうちに大量のテクストが生み出され、そうしたテクストのなかで非常に様々な問題提起に対して応答がなされ、さまざまな論者との論争が繰り広げられた。

---

（1）引用に際しては、Bauer (1843)〔バウアー『ユダヤ人問題』〕ならびに Bauer (1889)〔バウアー「ユダヤ教徒とキリスト教徒」〕を用いる。1843年の議論から始めることにしよう。というのも、「ユダヤ人問題」に関するバウアーの再録された論文に対する反論は、『ドイツ年誌』に掲載されているからである。
（2）本章では Grün (1844) および K. Marx, „Zur Jundenfrage". In: Ruge/Marx (Hrsg.) : *Deutsch-Französische Jahrbücher*. Paris 1844. から引用する（ここでは、ヨアヒム・ヘップナーによって編集された版 (Leipzig 1981, 266-299) を用い、Marx と表記する〔日本語訳の頁は「ユダヤ人問題」として表記する〕）。本章では上で言及された三つのテクストに考察を限定し、時期的にはこの第一局面に該当するバウアーの草稿に対する他の反応は、本稿の考察対象とはしない。

カール・マルクスは、このバウアーのテクストの第二波に二回ほど言及している。〔第一に〕フリードリヒ・エンゲルスと共同で執筆し、1845年に出版された著作『聖家族』の、マルクス自身が執筆した第六章のなかで彼はバウアーとユダヤ人問題について論じており、そして〔同じく〕、エンゲルスと共同で執筆された著作『ドイツ・イデオロギー』の第二篇には、マルクスによるブルーノ・バウアーとの論争の第三ラウンドが見出される。[3]『ドイツ・イデオロギー』のなかでは、カール・グリューンの真正社会主義との論争も行われている。しかしにもかかわらず、ユダヤ人問題に関するカール・グリューンの論考へのマルクスの言及は見出されない。本章では、このことがカール・マルクスの体系的な関心のなかで基礎付けられていることを見て行きたい。ルートヴィヒ・フォイエルバッハ、マックス・シュティルナーならびにモーゼス・ヘスとの論争の第二局面は、新たな討論者を巻き込んだだけではなく、問題の拡張ないし転移をも伴っていた。こうした理由から私は〔『ドイツ・イデオロギー』の〕議論のこの〔第二〕篇を本章では扱わない。

　以下では、五つのステップを踏んで叙述を進めていく。第一に、1843年のブルーノ・バウアーの構想を示す（1．1）。その後で、1844年の彼らのバウアー批判から確認されうる、グリューンの構想（1．2）とマルクスの構想（1．3）が扱われる。次いで三つの構想の共通点と相違点を要約し（1．4）、〔彼らの間の思想的〕継承問題を解明する。この継承問題を、私たちの分析を出発点として定式化することで、この哲学的対決の、私たちの現代の議論に対する体系的な意義が明らかにされる（1．5）。

## 1．1　ブルーノ・バウアーの構想

　ブルーノ・バウアーは本章で扱う彼の二つの著作で——市民参加と政治参加という意味での——ユダヤ人の解放をめぐって当時争われていた議論を正しく定式化することを要求している。彼にとって問題であるのは、「私たちの全体的状態の展開を伴うユダヤ人の解放が置かれている」関係を説明することである（Bauer 1843, S.1）〔バウアー『ユダヤ人問題』、4頁〕。その際のバウアーの見立ては、ユダヤ人の

---

（3）『ドイツ・イデオロギー』のこの部分はおそらく、1845年の12月から1846年の4月にかけて、カール・マルクスによって執筆された。しかし、この草稿は、1932年になってようやく出版され、批判的校訂版はまだ刊行されていない〔「ドイツ・イデオロギー」を含むMEGA² 1.5.巻はその後2017年に刊行された。〕。

解放という努力が、本来は政治的解放ならびにキリスト教とユダヤ教の宗教的対立の止揚を目的としているというものである (Bauer 1843, S.59)[4]。したがって、バウアーによれば、それが本来目指しているのは、宗教の自己止揚である。というのも、「ユダヤ教徒とキリスト教徒は、彼らが自分たちを互いに隔て、「永遠の隔絶」を義務付ける特殊なあり方を止揚し、人間の普遍的あり方を承認して、これを自分たちの真のあり方と見なすときにはじめて、自らを人間と見なし、互いを人間として扱うことができるのである」(Bauer 1843, S.19)[5]〔バウアー『ユダヤ人問題』26頁〕。

　バウアーの考察の規範的基礎は人権であり、彼の理解によれば人権においては、人間の真の普遍的本質が人間の自律として十全に表現される (Bauer 1843, S.19, 54 oder 61参照)。バウアーの立場によれば、こうした真の本質は、それに適した自らの政治形式を民主主義国家の中に見出すのであり、しかもこの民主主義国家はもはや特定の宗教によって正当化されるのではなく、その正当性を直接に市民の自律から引き出すのである (vgl. Bauer 1843, S.3, 20, 54, 57 oder 88)。キリスト教の国家が不平等、「出生の偶然」ならびに「特権」(Bauer 1843, S.19) に基づいているのに対して、民主主義国家は、それが「すべての者の普遍的な関心事となった」ということによって特徴づけられる (Bauer 1843, S.88)。ユダヤ人が、不平等と特権に基づいたキリスト教国家のなかで、「ユダヤ人として」平等そのものを要求するのであれば、ユダヤ人はバウアーの目から見ると、矛盾に巻き込まれることになる。この矛盾は次のような〔二つの選択肢の間の〕ジレンマとして定式化することができる。つまり、〔一方の選択肢は〕ユダヤ人が (「ユダヤ人として」) 特別なグループとして平等に扱われることを要求するというものである。しかしその場合には、中立的でもなければ平等にも立脚しないキリスト教国家が、ユダヤ人を同じ権利を持ったものとして承認しない場合でも、それでもこの国家はユダヤ教徒を正当に扱っていることになる。そしてもうひとつの選択肢は、ユダヤ人が平等と国家の中立性の貫徹を要求するというものである。しかしこの場合には、ユダヤ人は、一方でキリスト教国家を民主主義国家によって置き換えることを要求するが、他方で——これはバウアーの重要な観点のひとつであるが——こうした解放を「ユダヤ人として」求めてはならないことになるのである。ユダヤ人にとって問題とならなければならないのは、人間としての解放であり、それと共に、ユダヤ人をユダヤ人たらしめる本質規定とし

---

（4）Bauer (1843), S.21, 74, 87, 94ならびに Bauer (1889), S.136, 152を参照。
（5）Bauer (1843), S.61ならびに Bauer (1889), S.149-152を参照。

ての宗教からの解放なのである。

　言い換えれば、バウアーは政治的レベルでの解放欲求の徹底化を求めているのであり、みずからの議論を、ユダヤ人（とユダヤ人を支持するキリスト教徒）による実際の要求をイデオロギー批判的に解明したものと理解している。

　その際バウアーの論証は四つの普遍的な哲学的前提とそしてさらにいくつかの宗教哲学的な追加の想定に依拠しており、哲学的前提のうちの最初の二つをバウアーはヘーゲル哲学から引き継いでいる。そこでそれらの前提と想定についてここで簡潔に説明しておきたい(6)。

　第一に、バウアーはヘーゲル法哲学の中心的要素を必要としている。すなわち、キリスト教は宗教の完成、宗教のより高次の発展形態と見なされている (Bauer 1843, S.11, 34, 35 und 45 ならびに Bauer 1889, S.139, 140, 144, 146 und 147)。その際には、個々の宗教が、本質的で〔その宗教に〕自己同一性を与える核心を持っており、その核心は思弁論理学的秩序に組み込まれうるものであると同時に、これら諸宗教の発展能力の限界を規定するものであるということが想定されている。これらの想定からバウアーは、彼の時代のユダヤ教に実際に見出される自由主義化ではなく、――バウアーからするとヘーゲルによって認識された――こうした同一性の核心をみずからの分析の出発点とすることの正当性を導き出している。さらに、バウアーがこうした宗教哲学の構成から引き出すのは、ユダヤ教よりも、キリスト教に、一種の解放的特権が認められるということである。すなわち、キリスト教においては、人間としての人間の平等がすでに考えられているがゆえに、バウアーの目から見るとこの宗教は、普遍的な人間の解放という考えの規範的根拠を生み出しているのである (vgl. Bauer 1889, S.140 und 144 f.)。

　第二に、歴史的な過程が――そのあらゆる形態において――意識の進歩および自由の制度的実現における進歩として理解されうる、というヘーゲルの歴史哲学テーゼがバウアーの思考の根底に横たわっている (Bauer 1843, S.4, 11, 34, 35 und 81)。私たちがバウアーにおいて取り組まなければならないのは、概念的に必然的で、その進行の中でも確証される〔人類の〕発展過程であり、この過程において人類は、自律の中にある自分の本質について、ますますはっきりと自覚してゆくのである。

---

(6) これについて詳しく展開したものとして、Moggach (2003) を参照。

第1章　人間の解放　　15

　これによって私は、バウアーが追加的に投入する二つの哲学的前提へと至る。すなわち、自律という彼のコンセプトにしたがえば、人間は自分自身に法則を与えなければならず、所与の区別を受け入れることは許されないのである。出生の偶然による権力継承の廃止、バウアーはこれによってもちろん世襲君主制に狙いを定めているわけだが、そしてあらゆる特権の廃止——これは身分 (Stände) とギルドに狙いを定めている——これらの廃止は、自己意識としての自由と「平等の要求」(Bauer 1889, S.151)〔「ユダヤ教徒とキリスト教徒」289頁〕という人間の本質への消尽線上にある。ただしバウアーは、不平等の拒否だけではなく、同時に、批判的反省による、無反省な所与の規範あるいは権威的に下される規範の拒否を、こうした自律の理解と結び付けている (vgl. Bauer 1843, S.2, 3 oder 21)。はっきりしているのは、啓示によって与えられた、あるいは単なる習慣ないし伝統に立脚した規範体系は、反省的自律というこうしたモデルとは両立しないということである。

　これら四つの前提からバウアーは、一般的に宗教哲学的に重要であるいくつかの帰結を引き出している。すなわち宗教は、啓示ないし神の権威に基づいているため、最終的な審級においては批判能力を持たない (Bauer 1843, S.86)。宗教的主体としての人間には、みずからを民主主義国家の本当の市民として理解するための不可欠な条件が欠けている (Bauer 1889, S.137)。なぜなら、そうした人間はみずからの宗教性をみずからの政治的役割が彼に課す要求に従属させ、そうしてみずからの宗教的本質を損なうことになるか、あるいは、その人間はこうした〔政治的要求への〕従属を拒否し、そのことによって、バウアーが民主主義国家の正当性であると考えている自律性条件を損なうことになるか、のどちらかだからである。[7]

　それに加えて、バウアーによれば、宗教というものは、その宗教だけを支持するよう要求せざるを得ず、ほかの宗教とは一線を画さなければならない。こうした差別化は宗教自身のアイデンティティに属するものであると、承認論的に言うことができる (Bauer 1843, S.29, 31, 53, 60, 66, 68 und 100)。その際、ある宗教がほかの信仰を持つ人間に対して受動的－選民的に関わっていくか、それとも能動的－宣教的に関わっていくかどうかは、バウアーの思考の歩みにとっては重要ではない。バウアーにとって決定的であるのは、宗教的主体としての自己理解が特殊性を内包していることである。そうした特殊性は、自己規定の普遍的で平等主義的性格と両

---

（7）バウアーの宗教批判と国家批判の結び付きについては、Bauer (1843), S.48 und 96を参照。

立不可能であり、したがって民主主義国家の規範的基礎とも両立不可能なのである。

　要約すると、二つの宗教哲学的に重要な問いが現れている。すなわち第一に問われるべきは、寛容が宗教的自己理解と両立しうるのかどうか、そしていかに両立しうるのかである。これはユダヤ教徒ないしキリスト教徒としてではなく、人間としてのみ可能であるというのがバウアーの答えである。この理由からバウアーは、宗教的解放を政治的－人間的解放に置き換えようとしている。そして第二に問われるべきは、以下のように定式化されうるバウアーの最終的に決定的なテーゼから何が維持されうるのかである。すなわちそれは、「自律という現代的原理は宗教的確信を持つことと両立不可能である」というテーゼである（vgl. Bauer 1843, S.35-37, 45, 58, 60, 69 und 95 ならびに Bauer 1889, S.140, 142 und 147）。

　　「そのような事態にたちいたり、この時期が全般的苦難の時期とならざるを得なかったのは、宗教的隔壁という特権が存続していたにもかかわらず、いや、その特権が解放そのものの中で承認されるようなことがおこった場合ですら、解放が可能だと考える誤りをひとが以前から犯していたからである。」（Bauer 1843, S.60）〔バウアー『ユダヤ人問題』、79頁〕

　この箇所では、キリスト教国家においてさまざまな宗教が実際に不平等な扱いを受けている状況だけが言われているのではなく、宗教と自律の普遍的な両立不可能性が表現されており、そのことは、以下のバウアーの叙述を見れば明らかとなる。

　　「それゆえ解放は、ユダヤ教徒がキリスト教徒になるという条件とは結び付けられ得ない。つまりこの条件の下では、キリスト教徒は以前とは異なった仕方で特権化されることになるだけなのである。特権がほかの特権と取り替えられるだけである。特権は、それが大多数の人々、いやすべての者に、それが全人類にまで広げられたとしても残るであろう。」（Bauer 1843, S.60）〔バウアー『ユダヤ人問題』、79頁〕

　ここで注意すべきは、バウアーは、どちらが今日の議論において支配的であるかという問いを立てているわけではないということである。つまり、その問いとは、平等の要請と中立性の要請を義務付けられていることに自覚的な国家は、宗教的に

多元的な国民を前にしているという事実といかに向き合うべきなのか、という問いである。バウアーの問いは、啓発的で過激である。というのもバウアーは、宗教的主体の規範的自己理解内部での緊張関係を見定めているからである。[8]

## 1.2　カール・グリューンの批判

　グリューンは、「ブルーノ・バウアーを論駁する」方針で書かれた自身の著作『ユダヤ人問題』のなかで、バウアーの論証の全体的構造と対決し、バウアーの目標設定を、一切の宗教を批判し、政治的解放を達成することのうちに見ている（Grün 1844, S.14 f.）。その際グリューンは、確かにいくつかの箇所では、抑圧の自業自得さ（Grün 1844, 20 ff.）あるいは自己排斥（Grün 1844, 41 ff.）といったバウアーの論証の反ユダヤ主義的特徴もまた際立たせているが、その点をそれ以上強調することはない。[9] グリューンの目標は、国家における平等化というユダヤ人の限定的要求を正当化することであり（Grün 1844, S.150）、同時に民主主義国家における政治的解放への普遍的要求を擁護することである。彼の考えでは、民主主義国家は、例えばアメリカ合衆国においてすでに歴史的事実となっていたのである（Grün 1844, S.147）。グリューンは、意識における歴史ならびに自由の制度的実現における歴史としてのヘーゲル歴史哲学を根本的にはバウアーと共有しているのだが、その際二つの観点から見て、グリューンは、ヘーゲル左派であるブルーノ・バウアーよりもヘーゲル自身の立場により接近している。つまり第一に、グリューンは「新しいものがゆっくりと徐々に貫徹する」（Grün 1844, S.147）ことを前提としている。それゆえグリューンは改革［Reform］に賭けているのであり、革命［Revolution］に賭けているのではない。第二にグリューンは、哲学の先見的力と役割に対する懐疑的な評価に関してはヘーゲルに賛同する。つまり「事実ができあがってはじめて理論

---

（8）バウアーは、「中立性と批判的な反省的自己立法は宗教性によって損なわれざるを得ないのだから、自律と宗教性とは両立不可能である」という自分のテーゼの中に二つの衝突し合う方向性があることをはっきり自覚していないときがある。バウアーにおいては、次のように言われている。「宗教の排外的力を宗教から奪い取れ、そうすれば宗教はもはや存在しなくなる」（Bauer 1843, S.66）。これは、上述の普遍的宗教の思考実験と緊張関係にあるが、しかしこれは、バウアーがこの両方の箇所で、〔自律と宗教性との〕二つの両立不可能性のうちのひとつをそれぞれ示そうとしていることに注意を向ければ、解釈上「治療され」うる。
（9）こうした状況における反ユダヤ主義の構成要素に関する問いについては、Leopold (2007) の第3章の詳細な分析を参照。

が現れるのだ」(Grün 1844, S.149)〔グリューン『ユダヤ人問題』、113頁〕。

　このことを背景にして、グリューンは実際的な政治的観点から、バウアーの大げさで過激な要求によって政治的解放という事柄が損なわれることになると、バウアーを批判するのである。

> 「一切の宗教が地上から消滅したときにようやく自由が可能なものになると考えるのは、きわめて非実践的であり、さしあたり到達すべき歴史的発展段階という目標を先延ばしすることになる。」(Grün 1844, S.148)〔グリューン『ユダヤ人問題』、112頁〕

　ヘーゲル左派的な宗教批判と政治的解放を求める努力の対立に代わって、共同して復古的国家に反対する連立が望まれる。すなわち、「各人がともに自由を欲する以上、互いに敵対しないようにせよ」(Grün 1844, S.151)〔グリューン『ユダヤ人問題』、114頁〕。

　それでも、「バウアーがあらゆることをあまりにも高く掲げて悩ませている限り」(ibid.)、バウアーは彼の過激な批判でもって解放運動に対してかえって重荷を負わせている。「終わりなき批判の立場」は、「理性的なものの現実が果てしのない時間へと先延ばしされているという理由ですでに誤りなのである」(Grün 1844, S.155)〔グリューン『ユダヤ人問題』、117頁〕。

　ただし、グリューンの論証の背景にあるのは、妥協なき夢想家に対する現実主義的政治家の立場というだけではない。ここには両者のあいだの原理的な哲学的差異も隠されており、それはグリューンがバウアーの論証全体の決定的な前提を拒否していることに注意すれば見えてくる。グリューンは多くの箇所で、バウアーの論証がヘーゲルの宗教哲学の前提に依拠していることを指摘している。ヘーゲル宗教哲学に依拠することで、一方でバウアーは、ヘーゲルによって同定されたユダヤ的宗教の本質的核心を優先して、過去数十年間のユダヤ教の更なる発展を無視してもいいと信じることになったというのである (Grün 1844, S.18, 19, 23, 53, 59 oder 138)。他方で、この結果として、グリューンはもはやユダヤ人問題のなかに、第一義的に宗教哲学的ないし神学的問題を見出さないのである。これはグリューンが正しくも、シュトラウスやバウアーに帰している評価である (Grün 1844, S.13 f. oder S.51)。そのためグリューンは、「超越的理論が、具体的な現実性にどれだけ適

さないものであるのか」を指摘する (Grün 1844, S.33)。

　その帰結としてグリューンは、ヘーゲルという手本を手放し (Grün 1844, S.16)、ユダヤ教の更なる発展を真剣に受け止め、問題を宗教哲学の領域から政治哲学の領域へと移す (Grün 1844, S.19, 51, 52 und 73 f.)。

> 「しかしここで問題になっているのは、ユダヤ教の卓越性などではまったくなく、国家に対するユダヤ教の関係であり、国家におけるユダヤ教の可能性だけである」(Grün 1844, S.73 f.)。

　こうして政治哲学の領域へ問題を移すことで、「私は宗教的主体として、民主主義的で多元主義的に構成された国家の規範的要求といかに関わるのか」という問いから、「中立性を義務付けられた民主主義国家は、宗教的に多元的に構成されている国民といかに関わるべきか」という問いへ移行する。そのことにより、バウアーの両立不可能性テーゼも国家の中立性テーゼへと押しやられる。グリューンは、ユダヤ教の〔近年の〕更なる発展から、国民〔市民〕であることと啓蒙されたユダヤ教の事実上の両立可能性を導き出すのである。すなわち、

> 「私が考えるには、こうした洗練された宗教が国家にとって障害とはならないということが明確になった。さらにはっきりしたのは、私たちはあらゆる宗教が止むまで国家生活の発展を待つことはないということである。そして最もはっきりしたのは、国家生活が宗教にかかずらわず、しかも宗教が国家生活にかかずらわることを宗教にも認めなければ、国家生活が純粋なまま保たれうるということである。」(Grün 1844, S.98)

　民主主義国家はあらゆる宗教に対する中立性とあらゆる宗教を平等に扱うことを義務付けられ (Grün 1844, S.46f., 55, 91, 129 oder 153)、民主主義国家が宗教を私的領域に追いやるというのであれば、信仰への私的権利 (Grün 1844, S.60) と私事としての宗教を承認しなければならないことになる (Grün 1844, S.90, 98, 153 und 156)。このことは、国家的規範と宗教的戒律とが衝突する際には (グリューンはそれを回避不可能と見なすのだが (Grün 1844, S.91))、――宗教的主体にとっても――前者に優先権が与えられねばならないという条件下で妥当するのである。

グリューンが自覚しているように、こうした構成は自分自身を宗教的に理解する主体に対する無理な要求を伴っている。グリューンは、宗教 (ユダヤ教) が〔他宗教の〕排除要求の放棄へと至るまでさらに発展することが可能であると見なし (Grün 1844, S.70)、民主主義国家の政治的挑戦による宗教的アイデンティティの許容能力の問題は、宗教的主体自身によって決定されねばならないことを示唆する (Grün 1844, S.82)[10]。民主主義的に基礎付けられた規範と宗教的に基礎付けられた規範のあいだで衝突が生じた場合には、民主主義国家の規範を優位なものとして貫徹する権利が国家にはある。しかしこうした枠組みであっても、宗教が変化の圧力にいかに応じるのかは私的事柄となった宗教自身が決定するのである。民主主義国家は——バウアーの言うようには——宗教の排除を行ってはならないし、それは許されない。なぜなら、宗教は私的な事柄だからである。それゆえ、グリューンにしたがえば、

　　「宗教は残るであろう。しかしそれは、個人が複数存在する以上、きわめて異なったものになるだろう。」(Grün 1844, S.156)〔同上〕

　それゆえグリューンは、宗教哲学から政治哲学へと問題提起の重心を移すことで宗教性と自律との原理的な両立不可能性というブルーノ・バウアーの過激なテーゼとの対決を回避するために、問題の宗教哲学的構造化の拒否というやり方を採用する。宗教の多元性の承認と政治的解放の承認、および権威と啓示に対する自律の優位が、宗教の自己理解と両立不可能であるというバウアーの指摘はグリューンを悩ませはしない。なぜならグリューンは、政治的－実際的なレベルにとどまり、宗教的主体が場合によってはみずからのアイデンティティを喪失しうるということを歴史的進歩に伴う副次的損害として甘受するからである。そのためグリューンは、現代の民主主義的な法治国家の規範的準則と両立不可能であるような個々の宗教、あるいはそのさまざまな形態の存在可能性を認めることができるのである。宗教的アイデンティティを私事へと無力化し、民主主義的規範の原理的な優位を認めることにより、グリューンは、彼以前に少なくともカントもそうであったように、民主主義的理性の規範的領域のなかに宗教の居場所を認めることができるのである。

　もちろん、こうした戦略のために支払った犠牲は、宗教的主体と啓蒙された民主

---

(10) このことは、私からすると、根本的にはユルゲン・ハーバマスの立場でもあるように思われる。Habermas (2005) の第8章および第9章を参照。

主義的主体とのあいだの二元論を甘受するということであり、この二元論は緊張関係と疎外に至らざるを得ないものでもある。こうした結果から、政治的主体の宗教からの完全なる解放というバウアーの考えがさし迫って来る。しかしこの結果からは、以下で見るように、カール・マルクスのユートピア的人間学的批判もさし迫って来ることになる。

## 1.3　カール・マルクスの批判

　カール・マルクスも同様に、ユダヤ人問題の普遍的な問題提起を展開し（Marx 268）〔「ユダヤ人問題」、386頁〕、政治的解放が宗教性そのものの止揚を要求するというテーゼを基礎付ける（Marx 270）〔「ユダヤ人問題」、388頁〕というブルーノ・バウアーの二つの根本的な目標を認識している。[11] マルクスにとって決定的な問いとは、現在の歴史的条件下ではどういった解放が理論的に要求されるべきかという問いである（Marx 270）〔「ユダヤ人問題」、388頁〕。すなわち、宗教的解放か、政治的解放か、あるいは普遍的人間的解放かである。この問いに対するマルクスの答えは周知のように、次のようなものである。つまり今問題なのは、普遍的人間的解放であり、それはもはや宗教批判としてではなく、民主主義国家、法・権利および市民社会に対する批判として実行されるべきものなのである。[12]

　この目標を達成するために、マルクスは第一にユダヤ人問題のバウアーによる展開の抽象性を批判し、続けて第二にバウアーの民主主義国家と宗教の両立不可能性テーゼを退ける。バウアーの全体的な論証は哲学的－神学的構築物に依拠しており（Marx 292）〔「ユダヤ人問題」、408頁〕、それは（教義としての）ユダヤ教とユダヤ教の社会的現実性との現実の更なる発展、すなわちユダヤ教の生きた現実性を無視し、現実政治的関係をなおざりにするのだが、そうした関係のなかで解放という問いが真っ先に立てられるのである。一方では中立性という戒律を損なうキリスト教国家

---

(11) カール・マルクスの知的展開におけるブルーノ・バウアーの役割については、Rosen (1977) の研究を参照。
(12) こうした兆候からすれば、マルクスがグリューンの立場ではなく、バウアーの立場と対決していることは納得できる。というのも、バウアーはグリューンよりも、理論的により進歩的な立場を取っているからである。私の見る限り、マルクスが議論の第二局面でも、グリューンのバウアー批判を扱わないとしても、マルクスはそこで、グリューンのように実際的な政治的戦略を追求する他の論者が、バウアーの宗教哲学的－政治的戦略への正当な批判を行っていることを認めているのである。

において、ユダヤ人問題を政治的解放に関わる問いとして立てることが正しいのに対して、他方で民主主義国家では異なった状況が生じるとされる。アメリカ合衆国が示しているように、民主主義国家は宗教の存在と明らかに両立可能なのであるから、解放の問題は宗教批判から国家批判へと移行しなければならず (Marx 270) 〔「ユダヤ人問題」、388頁〕、それによって解放は、政治的解放という形態から人間的解放という形態へと導かれるのである (Marx 271, 278 und 282) 〔「ユダヤ人問題」、389、395、399頁〕。すなわち、

> 「たとえそれが特権を与えられた宗教ではないとしても、宗教からの政治的解放は宗教を存続させる。特殊な宗教の信徒が公民でもあるという矛盾は、政治的国家と市民社会とのあいだの一般的な現世的矛盾の一部でしかないのである。キリスト教国家の完成は、みずからを国家と認めながら国家構成員のさまざまな宗教を度外視する国家である。宗教からの国家の解放は、宗教からの現実的人間の解放ではない。」(Marx 282) 〔「ユダヤ人問題」、399頁〕

　マルクスは政治的解放と宗教性が排斥し合うというバウアーの想定をこの引用のなかで退けているのだが、そのことをマルクスは事実的な両立可能性 (Marx 272) 〔「ユダヤ人問題」、399頁〕を指摘することで基礎付ける。そしてマルクスは、そうしたバウアーの想定を退けるということを二つの更なる想定と結び付けている。すなわち、第一に、バウアーの無神論も依然として人間の疎外のひとつの形態である (Marx 272 und 273) 〔「ユダヤ人問題」、391、392頁〕。というのも、人間は宗教の否定を経由して「回り道をして」(Marx 273) 〔「ユダヤ人問題」、391頁〕のみ、みずからの自由を確認することができるからである。第二に、政治的国家は、このように〔宗教と〕両立可能なので、まったく宗教の止揚を求めない (Marx 270, 277 und 282) 〔「ユダヤ人問題」、388、394、399頁〕。同時代のアメリカ合衆国の状態が裏付けるように、民主主義は宗教性を排除しないのだから、民主主義国家と宗教の政治的に適切な関係性として、中立性と境界確定が生じるだけである。
　マルクスは、こうして解放に関する問題を政治的解放から人間の解放へと移行させるということを、彼の更なる理論形成全体にとって中心的となる、複合的な論証を用いて基礎付ける。私はここで、その論証に関するいくつかの中心的テーゼを挙げたいと思う。

(テーゼ１) 宗教はもはや「根拠」ではなく、「現世的な制約の現象」、つまり疎外の現象でしかない (Marx 272)〔「ユダヤ人問題」、390頁〕。
(テーゼ２)「あらゆる解放は、人間の世界を、諸関係を、人間そのものへと復帰させることである」(Marx 291)〔「ユダヤ人問題」、407頁〕。
(テーゼ３) 二つの役割 (宗教的主体と政治的主体あるいは政治的主体と市民的主体) へと人間を分割することは、疎外の表現である (Marx 291)〔「ユダヤ人問題」、407頁〕。
(テーゼ４) 媒介され間接的であるにすぎない本質の実在化は、いずれも疎外の表現である (Marx 273)〔「ユダヤ人問題」、391頁〕。

　最後の二つのテーゼは、人間の無媒介的で内的に差異化していない本質実現というユートピア的－人間学的な潜在性を含んでいるだけではない。つまりマルクスは、これを基礎にして一方の宗教および政治と、そしてもう一方のみずからの人権批判との並行関係を構成している。

　「政治的国家も、地上に対する天上と同じように、市民社会に対して唯心論的 (spiritualistisch) な関係にあるのである。」(Marx 275)〔「ユダヤ人問題」、392頁〕

　もはや宗教は疎外の根拠と見なされないのだから (テーゼ１を見よ)、マルクスはいまや「共通－原因－コンセプト [Gemeinsame-Ursache-Konzeption]」を支持する。宗教的疎外と政治的疎外は、同じ根を持っているのである。そしてこの根は、市民社会の構造である (Marx 291)〔「ユダヤ人問題」、407頁〕。

　「現実の個人的人間が抽象的な公民をみずからのうちに取り戻し、人間が個人的人間としてみずからの経験的な生活において、みずからの個人的労働において、みずからの個人的関係性において類的存在となったときにはじめて、人間が自分「固有の力 „forces propres"」を社会的な力として理解し組織化したときに、それゆえ社会的な力を政治的力を形づくることで自分から分離しないときにはじめて、ようやく人間的解放は成し遂げられるのである。」(Marx 291)〔「ユダヤ人問題」、407頁〕

マルクスによれば、人権は一般的な基本権と政治的基本権に分けられる。宗教の自由は主に後者に属する。それゆえ、宗教の存在はまさに疎外現象と見なされるのだから、政治的基本権は疎外を止揚することも人間の解放を実現することもできない。人権が政治的権利を意味しない限り、人権はマルクスにしたがえば、私的所有者として個々ばらばらに対立する「利己的な人間」(Marx 285, vgl. 287)〔「ユダヤ人問題」、401、403頁〕という規範的な自己理解にほかならないような自由のコンセプトを表現している。

「自由という人間の権利は、人間と人間を結び付けることに基づいているのではなく、むしろ人間からの人間の分離なのである。」(Marx 291)〔「ユダヤ人問題」、407頁〕

政治的解放とは、すなわち

「一方で人間を市民社会の構成員へと還元すること、ならびに利己的で独立した個人へと還元すること、他方で公民へと、道徳的人格へと還元すること」(Marx 291)〔「ユダヤ人問題」、407頁〕

を意味するのであり、それは、市民社会の構成員の規範的上部構造を表現し、「その関係性が法権利なのである」(Marx 290)〔「ユダヤ人問題」、406頁〕。

「公人と私人への人間のこうした分裂」に基づいて、政治的解放は宗教の止揚ではなく（したがって疎外の止揚ではなく）、「国家から市民社会への宗教の移転」にすぎない (Marx 277)〔「ユダヤ人問題」、394頁〕。

疎外の起源は、マルクスにとっていまや市民社会の基本原理のうちにある。つまり、その基本原理とは私的所有 (Marx 285)〔「ユダヤ人問題」、402頁〕と貨幣 (Marx 296)〔「ユダヤ人問題」、411頁〕であり、それらは権利、国家および道徳のなかでそれらに適した交通形態を、政治的解放ならびに人権という名の下に作り出すのである。

マルクスがユダヤ人問題に関するバウアーの分析の批判によって引き受ける論証責任は、明らかである。つまりいまやマルクスが説明しなければならないのは、私的所有と貨幣が人間の疎外の元凶であることであり、人間の解放が到達されるべきであるならば、それらを徹底的に批判することが重要となるということである。周知の通りマルクスは、同時期に執筆していた『経済学・哲学草稿』のなかでそうした論証責任を果たそうと試みたのだった。その際マルクスは、宗教哲学ないし宗教

批判的思考パターンを 経済学(ポリティカル・エコノミー) 批判へ移し替えるということを維持し続けていたが、それと同様にみずからの国家批判ならびに法批判の基礎にあるユートピア的－人間学的ヴィジョンをも維持していた。それは、代表や役割によって内的に分化されていない、類的存在としての人間の直接的実現という展望である。

## 1.4 共通点と相違点の概観

　マルクスの思考の更なる展開を叙述することは、本章の考察対象ではない。それゆえ、私はここまでで提示されてきた三つの立場を一覧するかたちで要約し、そのあとで1843年と1844年に生じたこうした議論から引き出されうる現代にとって重要ないくつかの問いを概説することとしたい。

　私たちは三つの異なった戦略を扱わなければならない。

- ブルーノ・バウアーは宗教哲学的－政治的戦略を追求している。
- カール・グリューンは実際的－政治的戦略を追求している。
- カール・マルクスは本質主義的－人間的戦略を追求している。

　三人の論者は全員が、アメリカ合衆国において民主主義国家が完成し、それによって政治的解放が実現したと見なしている。こうした方法で、不十分なキリスト教国家に代替案を提示するために、グリューンとバウアーがこれを戦略的に肯定的観点から行っているのに対して、こうした同定はマルクスの場合には異なった機能を持つ。つまりマルクスは、これによって、完成した政治的解放は完成した人間の解放ではありえないこと、そしてなぜそうなのかを基礎付けようとするのである。
　ここで私が提案した三つの戦略の特徴付けは、次のように組み立てられている。グリューンとバウアーは、実用的な自律概念と自己意識の原理に依拠した自律概念という点で区別される。マルクスは、明示的に二人の論者に言及しているわけではないが、ある社会概念を暗黙のうちに参照することで、バウアーおよびグリューンと一線を画している。その社会概念においては、人間の本質実現には政治的制度は必要とされない。それに加えてマルクスは、本質的な人間学的基礎を優先し、自己意識を根本原理としては放棄することによってバウアーとは異なっている。そうし

た人間学的基礎は、マルクスがルートヴィヒ・フォイエルバッハから引き継いだものである（マルクスがルートヴィヒ・フォイエルバッハから部分的に離反する点は議論の第二局面で生じた。それに決定的に先鞭をつけたのは、フォイエルバッハの人間学と本質主義的想定一般に対する、『唯一者とその所有』におけるマックス・シュティルナーの猛烈な批判である）。[13]

　内容的な共通点と相違点について述べるならば、バウアーとグリューンは政治的解放というプロジェクトにこだわるのであり、その際グリューンは、一方の民主主義的で世界観として中立的な公民としての自己理解と、他方の宗教的主体としての自己理解とのあいだの内的な緊張関係を、自律および非疎外と両立するものと見なす。それに対してバウアーは、こうした内的な二元論を疎外の表れと見なし、宗教的確信の本質のなかに、民主主義国家の規範的な基本原理としての自律との両立不可能性が据えられているのを見ている。というのも、宗教的態度は与えられたものとして主体に示されるのであり、普遍的理性では接近できない特別な内容を持っているからである。

　それに対してカール・マルクスは、宗教と国家の存立のうちに疎外現象を見ており、彼においてこの疎外現象は、市民社会の構造のうちにその根を持つとされる。宗教的主体と世俗的主体との二元性ならびに政治的主体と市民的主体の二元性は、構造的に同じであり、非疎外と原理的に両立しない。それゆえ政治的解放が宗教的解放に取って代わった後では、人間の解放が両者を上回らねばならないのであり、それは、私的所有、貨幣を介した商品交換、私法、国家そして道徳の存在が人間の疎外されていない存在と両立不可能であることを人間の解放が証明することによってなされるのである。

　これら三つの立場の相違点と共通点を表にすると以下のようになる。

|  | ブルーノ・バウアー | カール・グリューン | カール・マルクス |
| --- | --- | --- | --- |
| 民主主義国家は<br>宗教と両立 | しない | する | する |
| 民主主義国家は<br>自律と両立 | する | する | ？ |
| 民主主義国家は<br>非疎外と両立 | する | する | しない |
| 宗教は<br>非疎外と両立 | しない | する | しない |
| 政治的解放は<br>人間の解放と両立 | する | する | しない |

---

(13) これについては Quante (2010) を参照。

自律と民主主義国家の両立可能性に関する問いへの答えは、基礎に据えられている自律概念に応じて変化する。バウアーの言う意味での自律あるいは人権をともなう自由概念という意味での自律は、マルクスによれば、民主主義国家の存在と両立する。したがって、この二つの意味での自律は、疎外の形式あるいは自律ないし自由のイデオロギー的表現なのである。そのことから必然的に生じるのは、以下の二つのどちらかである。ひとつは、マルクスが自由と自律に取って代わる代替的構想、しかも法権利と国家の存在と両立しないような構想を用いることができるのでなければならないということである。もうひとつは、自律と自由がいかなる役割も果たさないような、人間の疎外されざる存在という概念を基礎に据えていなければならないということである。マルクスが人間の解放という彼の概念と調和する、自律のそうした概念を手中に収めているのか、あるいは人間の類的存在という彼のコンセプトが自律を疎外現象として排除するのかどうかは、ここでは答えないままにしておかねばならない。[14]

## 1.5　関連する問い

　1843年と1844年にブルーノ・バウアー、カール・グリューンそしてカール・マルクスのあいだで行われたユダヤ人の解放をめぐる論争の第一ラウンドを検討してきたが、こうしてその成果の基本的特徴がはっきりすることとなった。〔しかし〕この成果は、少なくとも二つの観点で制限されたものである。第一に、すでに冒頭で述べたように、1845年から1846年にかけてこの議論には第二ラウンドがあった。第二に、フリードリヒ・エンゲルスと共同で執筆され、1845年に刊行された『聖家族』におけるカール・マルクスの叙述が示しているように、第一段階においてもすでに他にも何人かが議論に参加しており、ブルーノ・バウアーに対して批判的な立場を明確にしている。したがってここで選ばれた叙述の仕方は、議論を簡略化したものであるが、しかしそれは、体系的選択肢というレベルでは、ほかの議論の参加者によって、これ以上の観点はなんらもたらされなかったことを指摘することで正当化される。

　1845年から1846年にかけての第二ラウンドの対決は、二つの理由からここで

---

(14) これに関しては Böhm (1998) ならびに、Peffer (1990) の第3章あるいは Wood (1981) の第1部を参照。

描かれた第一ラウンド〔の対決〕よりも複雑である（それゆえそれだけで改めて扱う必要がある）。第一に、ブルーノ・バウアーとルートヴィヒ・フォイエルバッハとのあいだの論争、ならびに同様に論争に介入したモーゼス・ヘスとマックス・シュティルナーによって、さらなる人物とさらなる問題提起が関係してくることになる。第二に、議論にさらなる体系的な問題提起が持ち込まれ、そうした問題提起は基礎に据えられているカテゴリーの座標軸をずらし、そのことで問題提起ならびに議論の最前線をもずらすのである。

　最後に私は、これに関連する二つの歴史的－体系的問いと二つの体系的問いを確認したい。これらの問いは、このユダヤ人の解放をめぐる論争の第一ラウンドの体系的なアクチュアリティを示すものである。二つの歴史的－体系的問いのひとつは、マルクスの法権利批判ならびに国家批判の射程に関係している。周知の通りカール・マルクスは1845年と46年にフリードリヒ・エンゲルスと共同で執筆した『ドイツ・イデオロギー』以降、イデオロギー批判というプログラムの下で、道徳、法、国家の根本的批判を行っている。それらはすべてマルクスからすれば、人間の疎外の表現にほかならない。マルクスの非道徳主義に関しては、マルクスが──ここではヘーゲルを継承しながら──哲学的倫理学の特定のタイプだけを、すなわちカント－フィヒテ的タイプのアプリオリな構造を持つ義務論的倫理学だけを拒絶しようとしたのだというテーゼの説得的な論拠が展開されうる。この見解は、人間学的に基礎付けられた、善き生の倫理学、例えばアリストテレス的基本モデルにしたがったそれと両立可能であろう。そうした倫理学は、マルクスが1844年の『経済学・哲学草稿』のなかで展開し、私の理解では終生放棄しなかった類的存在という概念と多くの点で調和するものである。それに対して法制度と国家制度の拒否に関して言えば、これを特定の制度を対象としたものと見なすことでマルクスのイデオロギー批判を和らげるのは、私には不可能であるように見える。それは、マルクスの疎外論が、宗教批判と国家批判を重ね合わせ、それを彼のブルジョワ経済学批判で基礎づけることによって、媒介されざる人間の相互行為を必ず強調しなければならないと主張しているように見えるからである。そうした相互行為は、政治的に媒介され

---

(15) この点については Breckmann (1999) ならびに Magnis (1975) を参照。
(16) これについては Quante (2010) を参照すること。
(17) これについては、Angehrn / Lohmann (1986) 所収の諸論考を参照。
(18) これについて詳しいのは、Quante (2009)。

た制度および私法的関係の存在と両立不可能なのである。周知の通り、この200年の社会的発展が示したのは、法治国家を放棄する社会構想が著しいユートピア的潜在性と、著しい規範的欠陥を示す、ということであった。したがってカール・マルクスにおいて宗教批判と国家批判がどのように両立しているのかをより正確に説明することで、彼の法権利批判・国家批判を和らげる概念的な余地が見つけられうるのかが考察されねばならないであろう。

　〔上記の論争の第一段階の叙述に〕関係する第二の歴史的−体系的問いは、その都度ヘーゲル左派の宗教批判と国家批判のなかで前提されている自律概念に関わっている。ブルーノ・バウアー、カール・グリューン、そしてカール・マルクスによる三つの構想の比較によってはっきりしてきたと思われるのは、明らかに相互に異なる自律概念が彼らの構想の基礎に据えられているということである。このことは、宗教性と自律の両立可能性に対する異なった評価と、人格の自律が法治国家の存在を前提するのかどうかという問いに対する異なった答えのなかで見えてくる。ヘーゲル、そしてまたフィヒテを継承しながらヘーゲル左派において展開された自律概念をもっと詳しく明らかにすることで、現代の哲学的な議論（例えばリベラリズムとコミュニタリアニズムとのあいだの論争）にも関わりうるような基礎付けの資源(リソース)を発掘することが可能であるように思われるのである。

　この二つの歴史的−体系的問いを補う形で、二つの体系的な問いも生じている。第一の問題提起は、ヘーゲル左派の議論から、現代の政治哲学における中立性の価値あるいは限界に関する問いに対して、いかなる帰結が生じるのかというものである。現代国家は世界観的に中立的でありうるのか、あるいは中立的でなければならないのか。そのことから宗教が私事であり、公共空間ではいかなる役割も果たしてはならないということが帰結するのか。その結果政治的議論における宗教的論証は許容されないことになるのだろうか。政治哲学の中立性要求は意味のある規範であるのだろうか。そして、そうした要求は――例えば宗教的確信を持つ市民に対して――そもそも中立的であるのだろうか。これらの問いが今日にあってもなお――むしろ今日再びますますといってもいいだろう――政治哲学の議論の的となっていることは、よく知られている。ヘーゲル左派の議論を振り返ることは体系的に重要であるように私には思われる。しかも、それは二重の意味でそうである。第一に、ヘーゲル左派の議論は、歴史的に見れば〔現代から〕きわめて隔たっているにもかかわらず、現代の問題と構造的に似通った問題に直面したものだった。第二に、ヘーゲ

ル左派の議論は今日の議論に参加する多くの哲学者たちもそうであるように、カント、フィヒテおよびヘーゲルが私たちに残した哲学上の遺産を共有しているのである。したがって、こうした伝統の系列を明らかにすることが、私たち自身の概念と構想の自己解明にも役立ちうるのである。[19]

　ヘーゲル左派の宗教批判に体系的アクチュアリティを与える第二の問いは、宗教性と人格の自律との関係に関わるものである。例えばブルーノ・バウアーとともに、人格の自律と宗教的確信を持つこととのあいだの原理的な両立不可能性を出発点としなければならないのだろうか。[20] あるいは、おそらくはカントとフィヒテの延長線上で、宗教を啓蒙された自律的道徳の制約内にとどまらせ、政治空間から私的領域へと追いやることで十分なのだろうか。一方で宗教的確信の広汎な広まりを、他方で規範的指導原理としての自律の卓越した重要性の広汎な広まりを鑑みれば、宗教的主体、政治的主体および自律的主体の解放に関する問いが依然として現代の中心的な問いであると主張するのに、それ以上の基礎付けは必要ないのである。

---

(19) この点に関しては、Habermas (2005) の第八章と第九章を参照。
(20) この点に関しては、Quante (2002a) ならびに (2008a) を参照。

# 第2章
# 政治的なものの埋葬

　およそカール・マルクスの哲学理論ほど、先入観なき検証によってアプローチすることの難しい哲学理論はごくわずかしかない。すでに、彼の思考体系を哲学として特徴付けることさえ、つい20年ほど前には二重の批判にさらされていただろう。つまり自分自身を科学的だと理解している世界観の支持者であれば、おそらくそうした言明をプチブル主観主義観念論の表現として貶めたことであろうし、おそらく他方では、マルクスの思考を手堅い哲学的思考として扱うならば、マルクスの思考にあまりにも多くの栄誉を授けていると、この弁証法的唯物論という教義の敵たちが批判したことだろう。批判の武器を武器による批判に取って代えようとする者や、現実の革命的変革に有利なように現実を哲学的に考察することと決別したい者、そして分析が極端な党派性によって形成されている者は、その多くはほとんど哲学者と見なされないだろう。

　ソビエト社会主義共和国連邦で実際に現存した社会主義の崩壊やドイツ民主共和国における無階級社会の消滅により生じた極端な変化のあとに、マルクスのテクストの新たな読解を可能にする枠組みの条件にも変化が生じている。そのためマルクス解釈者であるからといって、世界観上の諸党派のひとつに組み入れられ、自身の解釈的試みをそうした一派の関心事に役立てるよう自動的に強制されることはもはやない。マルクスに中立的な立場から接近するよう、いまや少なくとも可能な領域に属している。しかし、だからといってそうした接近が偏見に囚われなくなるわけではないし、そうなることもできない。なぜならマルクスの理論を現実へ転換するという試みを伴う歴史的経験が、読者の観点を左右するからである。それと同様に、特に世界経済の領域における現実の社会関係や政治関係を鑑みれば、マルクスの資本主義批判の多くの側面に対して依然として抱くことのできる共感も、読者の観点を左右するのである。

　こうした歴史的経験をマルクスの理論そのものへと持ち込むことがどの程度正当に許されるのかは、それ自身マルクス理論の解釈の問題である。自分を社会主義的

あるいは共産主義的であると理解していた政治的構築物の誤った発展を、マルクスの学説そのもののせいにすることは許されないと見なす人々がいる。こうした人々の考えによれば、そうした誤った発展はマルクスの理論の意味を変え、それを歪曲することで生じたのであり、そうした解釈ないし歪曲はマルクス自身の思考とはまったく相容れないものだったというのである。この主張はさらに次のように続けられる。マルクスの分析がそもそもはじめて効力を持つようになる枠組み条件は、資本主義的経済・社会形態の世界規模での勝利によってはじめて生み出されるものであると。グローバリゼーション、国際化、世界経済的規模での結び付きの拡大によって、多国籍に展開する諸コンツェルンは国民国家の制御をますます逃れており、それは――独占化の傾向性がますます強まっていることと並んで――マルクスの理論の時代がまさにいま始まったという主張の論拠として持ち出される新たなスローガンなのである。

マルクスの資本主義批判との共感もまた、この間で再び強くなっていることが確認されうる。マルクス主義的な代替案を実現しようとするこれまでのすべての試みには明らかに魅力が欠けていたということだけが、マルクスの資本主義批判への共感を阻害する要因として広範囲に取り除かれたわけではない。依然として進行しつつある自然破壊、あるいは第三世界や第四世界の貧困を解消しようとする努力が50年前から停滞していることもまた、マルクスが少なくとも彼の資本主義批判においては正しい道のりを歩んでいたことを示していないだろうか。グローバル化の過程や、社会国家によって囲い込まれていない市場経済が世界的にもたらす被害を鑑みれば、マルクスの資本主義分析に再び目を向ける説得力のある理由があるのである。

本章では、マルクスの理論をさまざまに実現する試みの失敗要因がマルクスの理論そのものにあるのかどうかを明らかにしたい。その際の私の中心テーゼは、マルクスがヘーゲル哲学と袂を分かつ特有の形態によって、こうした失敗要因のひとつがどこに求められるのかが説明される、というものである。すなわち、それはマルクスが政治的なものを埋葬したことのうちにある。その際私が「埋葬」と言うときには、止揚というヘーゲルの概念を批判的に当てこすっている。ヘーゲルの場合には、止揚が常に否定、保存、そして上昇という三つの意義を含むのに対して、ヘーゲルの法哲学ならびに社会哲学に関するマルクスの批判は「埋葬」としてのみ、す

なわち本質的側面が失われるような変換としてのみ、特徴付けられる。そこで〈政治的なもの〉として私が理解しているのは、普遍的な意志形成の領域である。そうした領域のなかでは、一見正当だと認められる個人的な目的観や価値観が、多様な制度や手続きの中で相互に媒介し合っており、それゆえに、合法性や規範的観点から見て受け入れ可能な普遍的意志が生じるのである。それゆえ私の中心テーゼは純粋な学説という形式におけるマルクスの理論を彼の理論の実現の失敗した試みから切り離すことは不可能であると主張する。なぜなら、中心的な個人的諸権利の撤廃の正当化が、マルクスの理論のなかに据えられているからである。

以下ではこの主張を二つのステップで説得的なものとしていきたい。第一に、私はマルクスのヘーゲル受容の三つの重要な側面を示す（2.1）。次いで、なぜ政治的なものが類的存在のなかに場所を持たないのかを示すために、マルクスの類的存在の形而上学の基本的な骨組みを描く（2.2）。最後に、政治的なもののマルクスによる埋葬の持つ三つの次元を浮き彫りにする（2.3）。

ヘーゲルの思考とマルクスの思考との関係性についてほど、個々の哲学者のあいだの関係性について、詳細に、そして部分的には激烈に争われたものはほとんどない[1]。一方でヘーゲルの観念論哲学を疑わしく非学問的と見なし、他方ではしかし自らの理論をマルクスの理論と構成的に結び付ける解釈者らは、言葉の上での表面的なものを越える、ヘーゲル哲学のマルクスの思考への影響があったということを否定する。そうした影響があるように見えるのは、マルクスが付随的な箇所でヘーゲル的表現方法を「もてあそんでいる」ことにのみ由来するというのである。あるいはそうした見せかけはマルクスの自己誤解に基づいており、マルクス自身の方法はヘーゲルの弁証法とはまったく切り離されているというのである。

あるいはそうした解釈者たちは、他方でその代案としていわゆる断絶テーゼを唱える。それによれば、特にヘーゲルによって影響を受けた若きマルクスの思想と後期マルクスの科学的思想のあいだには断絶があると言うのである。とりわけアルチュセールによって有名になったこの解釈は、マルクスの思考が19世紀の50年代半ばからラディカルに変化し、二つの異なった理論構想から出発せねばならないことを含意している。

---

（1）この点に関しては、Quante（2002b）ならびにQuante（2009）を参照。

ところが他方で、ヘーゲルをマルクスから追放するというこうした試みには、ヘーゲル的要素を強調することによって、弁証法的唯物論という党派的に命じられた教義体系におけるマルクスの理論の変形に対抗する手がかりを受け取ろうとする多くの試みが相対している。そうした解釈者たちにとってヘーゲルの観念論という遺産は、政治的ならびに文化的自由に有利な論拠を示すひとつの源泉なのである。[(2)]

　私は最初の陣営の二つの戦略が維持できないことを確信している。マルクス哲学が発生した文脈の根本的再検討も、マルクス哲学の基本概念の分析も、ヘーゲル哲学の〔マルクスへの〕除去できない影響を示している。もちろんこのことは、マルクスが単純にヘーゲルの思考パターンを引き継いでいるということを意味するわけではない。その反対である。つまりマルクスは、ヘーゲル弁証法の合理的なものをその神秘的核心から解放するために必要なもろもろの転換について、高度に複合的な理解を持っている。なるほど、マルクスはこうした転換をそれ自身解釈が必要な二つのイメージを用いて書き換えている。すなわち、ひとつは、ヘーゲルを足で立たせることであり、もう一つはヘーゲル弁証法をひっくり返すことである。このすぐ後で、私はこの二つのイメージの哲学的内実に取り組むつもりである。

　断絶テーゼも、詳細な検証に耐えることはできない。確かに類的存在のいわゆる人間学的ないし人間主義的な初期草稿において前景に出てきている形而上学が、科学的とも呼ばれる後期の経済学批判において背景に退いているというのは、その通りである。しかしながら、初期草稿における決定的な構成要素である形而上学が『経済学批判要綱』や『資本論』においても影響力を持っていることを証明することができる。ただし、こうした証明は本章の考察対象ではないので、ここでは短いコメントにとどめておく。マルクスの思想が部分的には広範囲に及ぶ修正を伴いつつ発展したものであるということは自明である。マルクスが有名ないくつかの初期テクストを書いたとき、彼が20代の半ばであったことを思い起こせば、このことは驚きではない。さらに、マルクスが自身の多くのテクストを印刷用に仕上げたわけではまったくなかったことを顧慮すれば、彼の全著作が矛盾のない統一性を示していないということも驚くべきことではない。それに加えてマルクスのジャーナリズム活動や政治的活動を鑑みれば、マルクスはかなり異なった種類の大量のテクストを生み出していたのであり、そのことに目を向ければ、大量

---

（2）こうした多くの論者の代表として、ここではヘルベルト・マルクーゼとレシェク・コラコフスキに触れておく。この点に関しても、Quante (2009) を参照。

の素材から引き出されるそれぞれの説明が、核心的理論を解釈によって獲得しなければならないことになるのは明らかである。それでも私は、このことによって1843／44年以降のどこかの時点において、マルクスの思想の極端な断絶があるという強いテーゼは正当化されないと考えている。むしろ私は、断絶テーゼの支持者が二つの誤りを犯していると考える。第一に、そうした説の支持者たちはマルクスの理論の誤ったレベルで連続性と断絶性を捜し求めている。そして第二に、その支持者は例えば『資本論』では『経済学・哲学草稿』の形而上学的−人間学的定理がもはや明示的に言及されていないという事実から、そうした定理の有効性は『資本論』にはもはやないと結論付けている。それに対して私は、1844年以降に、マルクスが有していた行為論を伴う労働概念ならびに類的存在および疎外という概念がマルクスの思想の哲学的基盤を形成していること、そしてそうした哲学的基盤は、彼の後の経済学(ポリティカル・エコノミー)批判にあってもなお前提として機能していると確信している。この基礎的な哲学的カテゴリーのレベルでは、マルクスに断絶はない。以下ではこうしたテーゼを詳細に展開し擁護することはできないので、私はいわゆる連続性テーゼを本章の論証の前提とする。しかしいくつかの箇所における私の考察は、このテーゼの説得性に対する少なくとも間接的論拠を提供することになるであろう。

## 2.1 マルクスのヘーゲル受容

　マルクスは、第一に、ヘーゲル哲学体系の適切な解釈と根拠の有無をめぐる多様な対決に影響を受けていた時期に、ヘーゲル哲学に取り組んでいる。マルクスのヘーゲル受容は、常にすでに、ヘーゲル右派とヘーゲル左派の論争という緊張関係のなかにあり、その際マルクスは、エドゥアルト・ガンスとブルーノ・バウアーの影響もあり、明らかに後者〔ヘーゲル左派〕の陣営に与している（2.1.1）。第二に、マルクスのヘーゲル解釈は、一度たりともヘーゲルの思考をそのまま解釈する試みであると自認することはなかったのであり、すぐさまフォイエルバッハのヘーゲル批判と宗教批判の影響を受けることになる（2.1.2）。そして第三に、マルクスは、哲学が自然科学によって文化の中心から追いやられる過程として特徴付けることのできる——リチャード・ローティーの用語法に依拠すれば——一般的なパラダイム転換に関与しているのである（2.1.3）(Rorty 1993)。

## 2.1.1　ヘーゲルの遺産をめぐる争い：神学、哲学、個体性

　すでにヘーゲルの死の直後、哲学的政治的に動機付けられた外部からの批判の影響もあって、ヘーゲルの弟子たちのあいだで方針をめぐる争いが始まる。こうした争いは、三つの問いをめぐってなされた。つまり、（1）どの程度ヘーゲル哲学は君主制の正当化理論として考えられるのか、（2）ヘーゲル哲学において、神学と哲学の関係性はどのように規定されるのか、（3）絶対者についてのヘーゲルの理論において、神の個体性はどうなっているのか、という三つの問いである。
　これらの問いに共通するのは、第一にこれらの問いが君主制の神学的正当化の可能性に関わっていることである。その際ヘーゲル左派ははじめから、ヘーゲル哲学をこの意味で理解することはできないという立場に立っていた。フォイエルバッハのヘーゲル批判の影響下でマルクスは、政治的支配のヘーゲルによる正当化に対するみずからの批判を、ヘーゲルの哲学一般にまで拡大する。この間政治的弾圧によってますます過激化していた社会主義者からすると、ヘーゲル哲学の擁護は神学的利用に対抗する上でもはや不十分となる。むしろそうした社会主義者らは、哲学的な正当化理論を一般的に拒否しさえもするのである。
　第二に、キリスト教的個体性概念への——とりわけ人格神についての神学的イメージへの——批判がこれら三つの議論の筋を結び付けている。彼らが最終的にヘーゲル哲学のなかにも見出されうると信じていたこの個体性概念は、原子論的で、利己的なものであり、人間の持つあらゆる社会的な本質的特徴を持たないものであった。そのようなものとして、この個体性概念は、私的所有の正当化のためのイデオロギー的基盤として用いられ、現実の疎外過程からその見せかけの正当化根拠を取り除くためにも、退けられねばならないとされる。[3]

## 2.1.2　ルートヴィヒ・フォイエルバッハの二重の影響：観念論批判と宗教批判

　フォイエルバッハ哲学の二つの側面はマルクスの思考にとって強い影響力を持っていたし、フォイエルバッハからマルクスが批判的に離反してからも影響を持ち続けた。その第一の側面は、ヘーゲルの観念論からの離反と、そしてそれによって形而上学的存在論的次元とかかわるものである。ヘーゲルの語る、主語と述語の転倒という有名な定式は、フォイエルバッハにおいては、ヘーゲルの観念論哲学が、物

---

（3）この点については Quante (2010) を参照。

質的存在を純粋思惟から引き出そうというばかげた試みを行っていたことを意味する。そうしたばかげた試みの代わりに——そしてここでは、マルクスにおいても決定的役割を演じることになる反転という隠喩が用いられている場所なのであるが——実在論から出発せねばならない。すなわち、思考とは無関係に与えられた物質的実在性から出発し、それを基礎にして思考と人間の認識が最終的には説明されねばならないのである。この実在論的存在論によって、ヘーゲルの観念論に対する存在論的な依存関係が反転され、そして再び正常に戻される。ヘーゲルを、思考する頭ではなく、物質的な足で立たせるというのである。

マルクスの思考にとって本質的なフォイエルバッハの第二の哲学テーゼは、宗教批判の文脈のなかでフォイエルバッハが展開する疎外論と投影論である。神の本質についての人間の言説は、実在化されていない自分の本質的性質を超越論的存在者へと投影するという見通されざる過程だとされる。こうした投影を実在論的に誤解し、こうした投影の内容に関する神学的ないし哲学的議論を主導する言説はいずれも、こうした内容の本来の源泉が現実の人間の中にあることを見誤ることになる。神学も、そしてフォイエルバッハが当然の帰結として同じく神学として特徴付けるヘーゲル哲学も、そのように営まれる言説に属しているのであり、この言説が自分自身の存在論的前提を見通すことはない。それゆえ、投影の基礎にある疎外状態や、こうした投影において暗黙裏にそれ自体で主題化される人間の本質は認識されないのである。

マルクスはこれら二つの側面を結び付け、1843年からは一般に投影の図式ならびに疎外論の図式にしたがってヘーゲルの絶対的観念論を解釈している。そうしてマルクスが必然的にたどり着いた結論は、精神的働きが根本的役割を演じるヘーゲル哲学のあらゆる側面、とりわけヘーゲルの精神哲学は、こうした投影の表現として解釈せざるを得ないということであった。例えば、ヘーゲルが社会的衝突を社会制度や政治制度を介して、精神的に媒介しようと試みるところに、マルクスはイデオロギー的転倒が働いているのを見る。投影された内容に含まれている矛盾の原因は、その根源に——現実の生活基盤の中、ということはつまりマルクスにとっては、社会的–経済的な生活基盤の中で実際に生きている人間の疎外に——見出される代わりに、ヘーゲルによって思考という媒体のなかで解消されるのである。そのとき、ヘーゲル弁証法の「反転〔Umsülpungひっくり返し〕」というマルクスの言い回し

も、こうした思考モデルにその根を持つ。「足で立たせる」という比喩が実在論による単なる反対テーゼを特徴付け、そのことでもってただ反定立的な基礎を特徴付けているとするならば、反転という比喩はそれとは何かほかのことを表現しているはずである。ハンス・フリードリヒ・フルダは、これら二つのマルクスのイメージが異なった内容を持つことを浮かび上がらせたのだが、彼はこの〔反転の〕比喩を「手袋の裏返し」という例を用いて説明している（vgl. Fulda 1978）。それはつまり中にあるものが外に出て来るという意味である。

　投影論と疎外論に当てはめるならば、このことはマルクスにとって、ヘーゲルの止揚がイデオロギー的な自己誤解にとどまるということを意味する。ヘーゲルは哲学と神学の症候的な矛盾だけを主題化したのであり、それによって基礎的な社会的矛盾の現象形態を、内的なもの、つまり事柄の本質と見なしたのであった。そのときには、精神という媒体における、すなわち社会的、政治的、そして文化的な自己解釈という領域における、基礎的な社会的矛盾の表向きの解消は、代替的充足に留まらざるを得ない。つまりそれは、現実的人間の自己自身との和解のもう一つの表現であり、この和解は現実においては留保されているが故に投影されたものなのである。[4]

## 2.1.3　古い信仰と新しい信仰：哲学の周縁化

　マルクスのヘーゲル受容における第三の主要な筋は、自然科学が新たな主導的制度として、啓蒙された基礎、科学的で客観化可能な新しい基礎の上に社会的秩序を据えるようになるだろうという、マルクスの同時代人に広く共有された態度と希望である。自然科学の大きな成果に強い印象を受け、科学的世界観に依拠する態度は、神学的で哲学的な観念論的現実性解釈を非合理的でイデオロギー的な虚偽説明として退ける役割をも果たす。このことは、社会的ならびに政治的秩序の哲学的ないし神学的正当化の受容にも影響を及ぼす。そうした正当化は総じてイデオロギー的な疑惑に晒され、しかもそれは個々の論証が説得的ではないからではなく、そうした正当化が哲学的性質を持っているからという理由ですでに疑惑に晒されているのである。どんな規範理論も、非科学的で容認不可能なアプローチである限りで、イデオロギーであるという疑いをかけられ、総じて退けられる。

---

（4）この点については Quante (2010)。

マルクスの場合こうした常套句は彼独自のやり方で練り上げられているのだが、それはマルクスにとって、道徳的言説であれ、法的言説であれ、政治的言説であれ、どんな規範的言説も、現実的人間が自分自身の本質から基本的に疎外されているということの表現として見なさざるを得ないということである。そうした言説は、その独自な意義が、社会的現実性の変革にとって重要でありうるものであったが、フォイエルバッハの影響を受けて以降のマルクスにとっては、もはやそうした独自の意義を持ちえない(5)。

　そのなかでマルクスのヘーゲル受容が生じることとなった思想史的文脈の三つの次元をここまでで素描してきたわけだが、これらの次元に共通するのは、これらの言説は、一方では哲学的、哲学－神学的あるいは科学論－認識論的対決として行われてきたが、他方では代行機能 [Stellvertreterfunktion] をも持っていたということである。19世紀の30年代と40年代では、常に政治的支配の正統性という問いも間接的に問題となっていた。ヘーゲル左派によって行われた哲学的批判は、常に君主制の神学的正当化に対する批判にも役立っていた。こうした言説はヘーゲル左派、それから若きマルクスの自己理解によれば、政治的実践として理解されるべきものだったのである。「ユダヤ人問題」、『聖家族』そして『ドイツ・イデオロギー』でヘーゲル左派と決着を付けることで、はじめてマルクスは理論的批判によって、こうした政治的実践概念と袂を分かつことになる。著名なフォイエルバッハの第十一テーゼは、こうした転換の要点を記したものと見なされてよい。「哲学者たちは世界をただ様々に解釈してきただけである。重要なのはそれを変革することである」(MEW 3, 7.)〔「フォイエルバッハテーゼ」、5頁〕。遅くともこの時点からマルクスは、自身の理論的仕事を実践的目的――つまり、既存の諸関係の革命的転覆――に役立て始めたのである。その際、こうした既存の諸関係についてのマルクスの診断は形而上学的構想に依拠している。以下ではその根本的特徴を描いていきたい。

---

（5）1843年以降のマルクスのテクストに、規範的言説の拒否という意味でのはっきりとした非道徳主義が、字面の上では見出されうることは、疑う余地がない。それにもかかわらず、20世紀初頭から、マルクスの人間学と資本主義批判が規範的に把握しうるものであることを証明しようと再三にわたって試みられてきた。マルクスの理論を明示的に規範的なものとして理解しようとするこうした試みから、マルクスの思考に隠された規範的前提があることを証明しようとする再構成〔の試み〕は区別されなければならない。私は上述の註釈を意識的に、この問いについて決断を迫られる必要がないように行っている。「マルクスと倫理」に関する議論については、例えばAngehrn & Lohmann (1986) 所収の諸論考を参照。

## 2.2 カール・マルクスの類形而上学

### 2.2.1 ヘーゲル、フォイエルバッハ、ヘス——マルクスの類形而上学の三つの源泉——

　マルクスは、彼の形而上学の基礎をなす類的存在というカテゴリーをルートヴィヒ・フォイエルバッハとモーゼス・ヘスから受け継いだのだが、このカテゴリーはすでにヘーゲルの精神哲学、とりわけ彼の意志論にその根を持つ。ヘーゲルの意志論では、普遍性、特殊性、個別性という思弁論理学的カテゴリーを用いて、個別的自己意識と普遍的な類的存在を細分化された関係に据えるという試みが企てられている。人間はほかの動物とは違い、その意識と自己意識によって、みずからの類を多様な仕方で表象することができるのである。ヘーゲルにとって自己意識とは、単に人間の本質的な類的特徴であるだけではなく、同時に人間がこの自分自身の類的存在を確認することを可能にする媒体なのである（Quante 2009を参照）。

　フォイエルバッハは、こうしたヘーゲルの思考パターンを継承してはいるものの、しかしその際個人と類との緊張関係においては類の優位性を強調する。このことは第一に、例えば芸術、宗教あるいは哲学といったヘーゲルによって評価される精神的媒介の審級を、単なる疎外現象として消し去ろうとフォイエルバッハが試みていることから明らかである。精神的媒介の審級が存在するということは、すでに疎外された初期状態の兆候と見なされ、それは個人的な生の表出と類的存在との直接的一致関係によって置き換えられねばならない。第二に、類的観点の優位性は、個人的人格性という表象そのものが、本質的には社会的に構成されている人間の疎外の表現であるという、先述の思想からも明らかである。

　マルクスが『経済学・哲学草稿』において、人間を普遍的な類的存在として規定しているとすれば、そのとき彼はこうした二つのヘーゲル的－フォイエルバッハ的遺産を継承している。つまり人間は、（自己）意識よって本質を認識する能力を持つ存在者、その本質が類によって類のなかでのみ実現されうるような存在者として規定されているのである。

　フォイエルバッハにおいては類的存在の理論的次元と実践的次元が相互に並列しているとするならば、モーゼス・ヘスにあっては実践的な類的存在の一面的強調が見出される。この実践的な類的存在は、ヘスにとっては、社会的関係において、そ

して——マルクスの概念を使って述べれば——社会的な交通形態において実現されるのである。ヘスにおいては、私的所有関係によってアトム化された人間が陥っている、現存する疎外状態に対置される代替案は、有機体というイメージである。つまり、類的存在が適切に実現されるのは社会的有機体においてであり、それは行為者の個人的行為が、直接的にこうした社会的有機体全体の実現として把握されるときなのである。意図されざるシステム的作用あるいは代表機能を介して果たされる、全有機体の自己目的との個人的諸目的の媒介は、なんであれ克服されるべき疎外の症候と見なされる。個人に対する社会的全体の優位性という説明以上に重要なのは、有機体モデルの使用そのものである。なぜならそうした使用は、——自然科学に結び付けようという努力がなされる中で——社会的–政治的規範を形而上学的–記述的カテゴリーへと移行させるからである。(6)

### 2.2.2 マルクスによる二つの拡張

マルクスはこの〔フォイエルバッハとヘスの〕類形而上学を内容的には完全に引き継いでいるが、それをヘーゲル哲学から獲得した二つの中心的なモデルによって拡張することで、彼らの類形而上学を哲学的に超え出てゆく。その二つのモデルとは、一方が対象化モデルであり、他方が「否定の否定」という思考モデルである。

行為の対象化モデル：ヘーゲルの行為論は、総じて主体−客体−モデルに依拠している。そこでは、意図という形式をとった、さしあたりは内面的で主観的な目的が、意図的行為を通じて、外的客観性を獲得する〔とされる〕。ヘーゲルが外的客観性として考えているのは、一方では間主観的なアプローチの可能性である。つまり、かつては主観的で内的であるにすぎなかった意図は、意図的な行為の帰結として、間主観的な評価の可能的対象となるのである。他方でこうした結果が行為主体によって意図されていないか、あるいは前もって見通されていなかった性質や帰結を示すという意味でも、行為の結果は主観的意図の対象化であると言える。この点でヘーゲルは、意図的行為の本来の内容が、その実現に先だって、完全に行為主体に示されているわけではないという外在主義を支持する。むしろ対象化によって生じる性質や帰結もまた、この内容に属するのである。(7) こうした行為論的モデルは対象化モ

---

(6) これについては、Quante (2010) を参照。
(7) これについては、Pippin (2008) ならびに Quante (2011)、第9章を参照。

デルと呼ぶことができる。ただし、ヘーゲルの場合には、この対象化モデルの対象が意味する範囲を広く理解しなければならない。ヘーゲルが、合理主義的な全体構想の枠組みのなかで対象として理解しているのは、事態［Sachverhalte］である。意図の内容をなす内的目的が意図的行為によって客観性へと移され、そうして内的な目的と外的な目的の同一性が与えられることになるというヘーゲルのテーゼは、こうして跡づけることができる。すなわち、意図の内容は、行為によってもたらされ、あるいは引きおこされる事態と同じように命題的に構成されているのである。(8)

それに加えて、ヘーゲルにおけるこうした客体化モデルないし対象化モデルは、とりわけ『精神現象学』で前景に表れる、特殊認識論的機能を持つ。(9)有名な主人と奴隷の弁証法に関する箇所は、マルクスもまた徹底的に研究した箇所であるが、そこでヘーゲルは、主体が自分から区別された対象において自己自身の本質を認識する場合にのみ、主体が自分自身の本質について十全な知を得ることができるという前提から出発している。主体は、純粋に内面的に、自己自身の本質に関する確信という形式を持つことができるが、そうした方法ではその本質の真理を認識することはできないのである。ヘーゲルがそこで述べているように、いずれの自己意識も「もちろん自己自身について確信してはいるが、しかし他者については確信していない。それゆえ自己自身についての、自らの確信もまだ真理ではない。なぜなら両者それぞれの確信が真理であるのは、自己自身の自分だけでの存在が自立的な対象として自らに示される場合だけだからである」(Hegel 1988, S.130)〔『精神現象学』、223頁〕。

マルクスはヘーゲル哲学のこの二つの定理を引き継いだが、それを自身の唯物論的転回に即して変化させる。(10)行為の文脈においてこのことから帰結するのは、マルクスの場合すべての行為が物質的客体をもたらす対象化過程になるということである。これによって、マルクスにとっては制作的行為が唯一の行為論モデルになる。確かにマルクスは、労働が結果のなかでは持続的なものと考えられると述べている。しかし「労働〔仕事〕」という場合には、過程という意味と結果という意味を区別しなければならないのだから、これによって実践的行為にとって特徴的な徴表、つま

---

(8) これについては、Quante (1993) を参照。
(9) この考察に関するより詳細な分析については、Quante (2011)、第9章を参照。
(10) その際「唯物論的」ということがマルクスの場合に一体何を意味し得るのかについては、もちろん説明を要する。

第 2 章　政治的なものの埋葬　43

り活動はすでに終了していると同時にまだ活動として持続していることもあり得るのだということが意味されているわけではない。いまや、ヘーゲルとの類比で、つまり物質的客体を事実として解釈し、それによって行為の結果も命題的なものであると解釈することで、マルクスのバージョンの行為の対象化モデルをも説得力のあるものとすることができる。しかしその際も依然としてマルクスは、唯物論的前提のために、第一義的には物理的側面を行為において強調することになる。それゆえマルクスは例えば『資本論』では、対象化された労働を労働の「凝固体」として、価値を労働の「結晶」として語ったり、商品に関しては「凝固した労働」として語ったりしているのである（MEW 23, 52）〔『資本論　第 1 巻』65 頁〕。

　否定の否定：とりわけヘーゲルの対象化モデルの第二の側面は、マルクスにおいて決定的な意義を獲得する。というのも、この前提に基づくことで、人間が対象的な類的存在としての自己自身の本質を確かめることができるのは、次のことを通じてのみである〔と言うことができる〕からである。それはつまり、人間がまず第一歩として、自らの本質を外化し、そうして二歩目に、こうした外化の対象化された生産物を、自己自身の本質として領有するのだということである。その際、こうした外化過程は、マルクスによって一方では、ヘーゲルの思考モデルにしたがって構想されているが、他方では総じて疎外の過程として把握されている。
　この思考モデルが「否定の否定」である。この思考モデルは、ヘーゲルにおいては過程としての意味と結果としての意味を持つ。それは、過程としての意味ではカテゴリーの自己産出と自己分化という構造を意味しており、それに対し結果としての意味では絶対的実体の主体としての性格を表現している。その際、「否定」とは絶対的主体性の自己規定を意味し、そこでは、これらのカテゴリーのひとつひとつはいずれも、絶対的実体にはそぐわないために、絶対的なものとしての実体と、自己規定の個々のカテゴリーの性質とのあいだには矛盾が存在することになる。この矛盾は、第二歩目の否定のなかで再び否定される。すなわち個々のカテゴリーの不適切さが止揚され、〔実体の〕自己分化の必要な契機として、〔実体の〕自己規定のなかに統合されるのである。マルクスは第一に、ヘーゲルの絶対的主体性の基本構造を人間の類へと転用する。しかし、対象化モデルは個々の経験的主体では満たすことのできない要求を定式化しているのだから、経験的領域へのこうした転用によって、対象化モデルはいまやユートピア的性質を示す。このユートピア的不一致は個別的個人から類へと押しやら

れるだけではなく、それに加えて自己産出過程としての歴史の中にも移されることになる。なぜなら第二にマルクスが、否定の否定という思考モデルを、ヘーゲルの『精神現象学』において示されているようなかたちで、つまり個々の不適切な自己規定段階あるいは外化段階がそれに続く否定によって止揚され、より適切な自己認識概念によって置き換えられるような発展過程として受容したからである。マルクスはこうしたヘーゲルのパターンをも再びみずからの唯物論的枠組みに合わせて変形し、〔その結果〕そこでは止揚は基本的には以前の段階の否定を意味することになる。[11] ヘーゲルの止揚概念における否定という契機のこうした強調は、ヘーゲル左派の文脈では珍しいことではない。マルクスはこうした強調をブルーノ・バウアーやエトガー・バウアーの諸草稿のなかにも見出すことができたし、バクーニンが1842年に偽名で『ハレ年誌』に発表したテクストのなかにも見出すことができたのである。

マルクスによれば、ヘーゲルは否定の否定によって、「歴史の運動を言い表す抽象的で論理的で思弁的な表現を発見したにすぎない」（MEW E1, 570）〔『経哲草稿』、493頁〕のであった。類的存在がまだ疎外の段階にある限りでは、否定の否定は類的存在の目的論的発展の適切な記述方法なのである。ヘーゲル観念論の転倒は、マルクスによれば人間の実際の疎外にとって十全な表現である。すなわち、それは「まだ人間の現実的歴史ではない」（『経哲草稿』、493頁）歴史の運動法則なのである。

### 2.2.3 疎外の四つの次元

これら二つのヘーゲル的思考モデルの唯物論的転換は、上述のマルクスの前提からして不可避である。なぜならマルクスにとって精神という媒体のなかで生じる諸矛盾の媒介はすべて、対象的な類的存在の止揚されざる基礎的矛盾の表現でしかありえないからである。ヘーゲルが、自己解釈の領域としての精神という媒体のなかで、矛盾と緊張を統合する多層的で内的な方法は、マルクスでは一方では基本的疎外のしるしと見なされ、他方では人間の物質的生活実践における直接的和解の実現によって止揚されなければならないものなのである。個々の人間の行為や目標設定を人間の類的存

---

(11) ミハイル・バクーニンの哲学においては、否定の契機が一義的に止揚の唯一の形式となるのに対し、マルクスの場合には保存の要素も——少なくとも痕跡として——維持され続けている。もはや疎外されてはいない人間は、疎外が二度と生じないよう、歴史的経験を忘れてはならないのである。それにもかかわらず、むしろ概念的細分化と統合として把握されねばならないヘーゲル法哲学における弁証法的運動から、ヘーゲル『精神現象学』のなかに見出される上昇的−漸進的発展への移行は、〔マルクスの止揚理解の〕決定的特徴である。

在と和解させる精神的媒介という審級が必要である限り、人間の類的存在はそれ自体疎外状態にある。この疎外のもっとも極端で歴史上最後の形式は、マルクスにとって賃労働活動なのであり、それは以下の四つの次元を含むものである。

(a) 賃労働は、固有の対象的類的存在の、それ自体で有意義な表現としては理解されないのであり、本来それを目指して努力されているもの、つまり利己的な欲求充足のための単なる手段である。疎外された状態では、対象としての存在者の本質確証は、活動的存在者としての人間の自己確証・自己肯定と両立しない。

(b) 賃労働における疎外の第二の表現は、生産者の活動の結果である生産物が生産者に属さないことにある。私的所有制度は、労働者の活動的表出を対象化された成果から切り離し、その結果、媒介された抽象的な法的関係が直接的自己実現に取って代わる。

この最初の二つの疎外の次元が、個々の労働者の行為パースペクティヴと直接に結び付けられうるものであるとするならば、以下の二つの疎外の次元は類的存在そのものに関する欠陥を示すものである。

(c) 類的存在が直接的に自分を実現する対象活動の社会的次元は、賃労働体系では個々人の生存保障の単なる手段に切り詰められる。類的存在の社会的本性を実現するためではなく、自分個人の生存を保障するために、ひとは市場に目を向け、市場のために生産する。協働において対象化を行う人間の類的本性は、社会的に組織されていることの中にあり、それによって個々人は自分たちの活動性を、こうした類的存在の実現として理解することができなくなってしまう。

(d) これによって、第四の疎外の次元が必然的に生じる。対象活動の社会的本性が個人的自己保存の単なる手段に転倒してしまうことによって、個々の人はもはや、類的存在を他の人間のなかで認識することも、承認することもできなくなる。その都度の他者の目的が重要であるのは、それがその都度の自分の個人的目的を実現することに関係している限りでのことである。他者の目的は、みずからの利己的な欲求を充足する手段としてのみ役立つにすぎない。

したがって、賃労働における対象的類的存在の本性は二重の意味で損なわれる。個々人は、労働における自らの本質的諸力の、対象的で物質的な確証を自己確証の過程のなかで享受することもできなければ、その成果の中で自己実現として直観することもできない。人間の類的本性もまた二重の意味で損なわれる。第一に資本主義的な商品交換社会では、社会的本質の物質的な対象化は、所有物の抽象的で精神的な媒介関係が無媒介の統一に取って代わるというかたちで起こる。第二に個々の人間が他者のなかに認識するのは、自己自身の類的存在ではなく、それぞれみずからの利己的な目的を満足させる手段だけである。

しかしこうした疎外はマルクスによれば、ヘーゲルから引き継いだ前提にしたがえば、歴史的な偶然ではなく、必然的な過程なのである。人間という対象的類的存在は、みずからの本質を実現するために自分の本質的性質を対象化しなければならず、――マルクスの枠組みにおいては――物質的-対象的現実性として外化せねばならない。ヘーゲルの場合とは違い、こうした外化はみずからの本質の理性的契機としての、精神的に表象される媒介〔芸術、宗教、哲学〕によっては統合されえないため、これはマルクスにとっては必然的な疎外である。人間の類的存在が人間の類的本性を資本主義的な生産部門という形式のなかで完全に外化したときにはじめて、人間の類的存在はこの疎外を否定し、そうして自己自身の本質を領有することができるようになる。私的所有の廃止という綱領的要求と労働者の自由なアソシエーションならびに階級のない社会という空虚な定式は、マルクスの場合、媒介する表象的制度〔芸術、宗教、哲学〕を含むことがもはや許されないような領有を意味しているのである。[12]

## 2.3　政治的なものの埋葬

これまでの叙述で、それぞれの政治的領域を、みずからの対象的な類的存在の社会的ユートピアから取り除くことを、マルクスにとって必然的にする土台のすべてがそろったことになる

### 2.3.1　自律なき本質主義

精神というヘーゲルの概念は、目的論と自律を結び付けている。つまり、個人的

---

(12) マルクスの歴史哲学については、Quante (2009) と本書第 4 章を参照のこと。

な自己理解も、そして芸術、宗教あるいは哲学といった自己解釈の社会的で文化的な媒体も、精神の本質そのものにとって構成的である。別言すれば、ヘーゲル哲学において精神の目的(テロス)を、自律的主体の自由な意志から独立して規定することはできないのである (Quante 2011, 第14章を参照)。こうした観念論的媒介が、マルクスにおいては取り除かれる。マルクスの場合には、文化的政治的自己理解に代わって、〔社会に〕巻き込まれている諸個人の自己理解とは無関係に生じる本質の実現が登場する。固有の類的存在の意志的および認識的表象という精神的次元は、フォイエルバッハによるヘーゲル批判の結果として、総じてイデオロギーであるという疑惑を受けることになり、個人の諸行為の調和的一致という直接的関係によって置き換えられる。そのことによってマルクスにおいては、固有の本質の自己実現という見せかけの規範的力が、諸個人を決定する目的論的な発展を推し進めることになる。このことが明らかになるのは、例えば個々のプロレタリアあるいはプロレタリアートの具体的な自己理解が重要なのではなく、重要なのは「プロレタリアートが何であるのかであり、プロレタリアートの存在に応じて歴史的に何をするように余儀なくされているのか」(MEW 2, 38)〔『聖家族』、34頁〕であるという点においてである。

　いまや——マルクスとアリストテレスという標語の下で——「本質の実現を倫理的善と見なす倫理理論としてマルクスの本質主義を理解する」という提案が可能となる。しかし第一に、私が知っている限り、マルクスがこうしたアリストテレス的テーゼを明示的に支持している箇所はない。そして形而上学的本質主義と科学的本質主義という、マルクスの理論における本質主義的要素の二つの対立する解釈があるため、私の考えでは、マルクスの本質主義を指摘するだけでは、「マルクスの理論は純粋に倫理的理論として理解されなければならない」というテーゼを正当化するには不十分である。私は喜んでこの問いに答え(オフン)を与えないままにしておきたい。そしてそれゆえ、私ははっきりと以下のことを示唆しておきたい。私がたった今提案した解釈の反規範的結果は、本質主義、歴史哲学、そしてそれから疎外論に基づいた、代表的媒介要素の拒否〔という三つのもの〕のからみあいから生じるのだということである。この診断は、マルクスの本質主義をアリストテレス化するその倫理的解釈とも両立する。

　私の考えでは、マルクスの思考の最も持続的で、かつ最も危険な成果のひとつはマルクスによって要求された規範性の排除にある。規範的言説が、本来発展を

主導する要因の付帯現象に過ぎないというマルクスの批判は、今日に至るまで広く同意を得ている。その際そうしたより基本的な要因を経済力として描こうと、テクノロジー固有の推進力として描こうと、革命的な法則連関として描こうと、あるいは単なるシステム合理性の概念を用いて描こうと問題ではない。これらのイメージに共通しているのは、社会的な影響力を規範的な妥当性要求から解放し、社会的変化をこうした規範から自由な目的論的基盤に依拠して説明しているということである。政治的支配の悪しき正当化への批判としてのマルクスの思考から、今日でもまだ何がしかのことを得られるならば、マルクス自身の社会的ユートピアの運命がやはり次のことを私たちに教えているはずである。すなわち、よりよきものへの道を示すことができるのは、規範的言説の放棄ではなく、よりよい正当化を展開するという試みだけ、あるいは基礎付けられた基準を展開するという試みだけなのであり、そうした正当化や基準こそが、結果として社会を変革するための提案となるのである。

### 2.3.2 意志形成ではなく計画化

　マルクスの類的存在の形而上学によれば、新しい科学としての国民経済学には決定的な意義がある。自然科学指向が進む中で、例えばヘーゲルに見られるひとつの意志領域としての経済的行為の哲学的解釈は、理論的理性モデルに依拠する計画ユートピアによって置き換えられる。社会的生産は、もはや個人的な目的の媒介領域としてではなく、単なる〔利益の〕最大化問題と協働問題として理解される。[13] 社会の目的観についての論議も、共同体への社会的要求と個人の生活計画との媒介も、その規範的次元で見られることはない。テクノクラート的で理論的な理性という理想が、集合的な意志形成の適切な振る舞いに取って代わる。このレベルでは、自然科学が純粋に記述的に理解され、そして目的−手段−合理性へと方向付けられて理解されていることと、規範的言説に総じてイデオロギーという疑惑を向けることとが、相互に密接に連関し合っている。

### 2.3.3 個別性の抹消

　ヘーゲルにおいて、自律的主体、つまり彼の用語では個別性が、人間の個人的次元

---

(13) これについては Lange (1986) を参照。

と社会的次元が自己意識という媒体のなかで相互に媒介される場所と見なされているのだとすれば、マルクスにおいては、生物学に対応した類と個人の関係性モデルがそれに取って代わる。個別的個人は類を実現し、その個体性は特殊な性質の形成に還元され、その特定の性質に基づいて個別的個人は類に属する他のメンバーから区別される。ヘーゲルの場合に決定的である主観的意志による内的媒介は、マルクスからすると類的存在の疎外の表現である。個人的な目標設定と人間の社会的本性との媒介問題は、マルクスにとっては、その中でこれら二つの側面が規範的言説によって調停されるような、適切な制度を発展させるきっかけとはならない。むしろこうした媒介問題は、基礎的な疎外の症候としてしか見なされないのである。マルクスの描く目標は、個人的次元と社会的次元が直接的にあらゆる生活実践において一致し、いつでもすべての参加者にとって認識可能なものであるように、類に対する個人の関係を形作ることである。諸個人の描く目標と目的設定が持つ多元性と対立は、マルクスによって個人の自律についての近代的理解の帰結として受容されるのではなく、類的存在の疎外状態として解釈されるのであり、そしてその状態は、断絶のない無媒介の統一というユートピアにおいて止揚されなければならないのである。[14]

　以上で私は、批判的合理主義者であるカール・ポパーが、確かにきわめて批判的ではあるが、少なくともあまり合理的ではないヘーゲル批判のなかで行き着いたのとは反対の結果に行き着いている。ポパーからすると、マルクスは、誤りを犯しているにもかかわらず、最終的に個人的自律という理想にこだわり続けたのに対し、ヘーゲル哲学は国家を優先して、個人的自由が犠牲にされる全体論的な社会ユートピアに支えられていることになる。ここにあるのは、ヘーゲルとマルクスについての容認されない単純化だけではない。今日に至るまで影響力を持ち続けている社会的全体論に対するこうした批判が有する大きな危険性は、規範とは無関係に理解される社会的統一というユートピアへのそれ自身正当な批判によって、同時にヘーゲルのようなモデルも退けられてしまうことにある。そうしたモデルにおいては——規範的正当化理論という枠組みにおいて——人間の社会的本性を個人の自律という、その正当なる要求に調和させる試みが企てられているのである。しかしながら、〈全体論的な統一というユートピアか、原子論的な個人主義か〉という悪しき二

---

(14) これについては Quante (2009) を参照。

者択一を出発点としなければならないと考える政治哲学や社会哲学は、どんなものであれ、結局のところ或る哲学的選択肢を捉え損ねている。そうした哲学的選択肢はヘーゲルの法哲学ではまだ残されていたが、とりわけカール・マルクスの形而上学において政治的なものが埋葬されることによって、多くの者にはもはや長きにわたって手の届かないものとなったのである。[15]

---

(15) これについては Quante (2004a) ならびに Quante & Schweikard (2009) を参照。

# 第3章
# 承認と類的存在

　本章では、カール・マルクスが『経済学・哲学草稿』において展開・詳述している彼の哲学の二つの中心的カテゴリーの分析を行う。「類的存在」と「承認」というこれらのカテゴリーを説明するためには、マルクスが基礎とする行為モデルと承認概念の手短な説明が不可欠である。こうした作業のあとに示されるのは、マルクスの疎外概念が類的存在という概念に依拠しているということである。承認過程の構成的機能を踏まえると、マルクスの構想と結び付いている本質主義は、マルクスの構想を価値評価的な哲学的人間学として解釈することを支持している。

　本章は主に解釈的性格のものとなるが、同時に体系的な関連性を持つ。第一に、マルクスの疎外概念は現代の批判的社会理論において依然として重要ではあるものの、マルクスの承認概念がその背景として主要な価値評価的源泉となっていることは、多くの場合見落とされている。第二に、現代の社会（あるいは政治）哲学には、マルクスの「解決」（とその欠陥）を注意深く吟味することで、よりよく理解される二つの困難がある。すなわち、一方でマルクスの社会存在論における本質主義概念と価値評価的概念との密接な結び付きであり、そして他方で個人と類の間の関係という問題に対するマルクスの「解決」である。第三に、近代の社会的文法に埋め込まれた疎外に対するマルクスの解決がどこで、そしてなぜ強すぎるほどの価値評価的理想を用いているのかを明らかにすることは、現代の批判的社会理論にとって依然として重要な教訓を与えるものである。

## 3.1　「対象化」と「疎外」の概略

　経済学（ポリティカル・エコノミー）のなかで見られる疎外状態は、マルクスによれば以下のような事実にほかならない。つまりそれは、

　　「労働が生産する対象物は、何か異質なものとして、生産者からは独立した

ひとつの力として立ちはだかる〔という事実である〕。労働の生産物はある対象物のなかで具体化された労働であり、物質的となったのである。すなわちそれは労働の対象化である。労働の現実化は労働の対象化である。」（Marx & Engels 1975, p. 272)〔『経哲草稿』、431-432頁〕

マルクスはここで労働についてしか語っていないが、この箇所はマルクスの一般的な行為論を反映している。ヘーゲルの行為概念を継承しながら、マルクスは〔行為の〕対象化理論を支持している。すなわち、意図的行為においては、主観的な目的（意図されているところのもの）は、成し遂げられた客観的な目的（行為の結果）に対象化されるというものである。ヘーゲルとは違い、物質的対象の生産がマルクスの行為モデルでは支配的であるが、行為によって事実がもたらされるということはマルクスの構想でも理解され得る。行為の結果は行為者によって意図された特徴の対象化であり、マルクスは行為から生じた結果であるこの生産物が、行為の過程のなかで意図されていた特質だけを持つと想定する。主観的様態から客観的様態への変化によって、行為の結果は同時に独立性を獲得するが、この独立性は、行為の結果が、疎遠なものあるいは敵対的ですらあるものとして、行為者に対立する可能性を内包しているのである。対象的な類的存在としての人間は、対象化という形式の中でのみ行為することができるのであり、したがってその類的本性は外化と疎外の可能性をも内包している。

それに加えてマルクスは、もう一度ヘーゲルの伝統のなかで、行為の対象化モデ

---

（1）本章において出典箇所を明示せずに直接引用される文章のすべては、Karl Marx & Frederick Engels (1975): *Collected Works*. Volume 3: Marx and Engels 1843-1844. Moscow: Progress Publishers. からのものである。この英訳は多くの欠陥を抱えているが英語文献のなかでは最も普及しているという理由から、本章でも採用している。テクストを変更した箇所では、そのことを明示した。マルクスの重要な諸概念は本章では一貫して以下のように翻訳する。「Vergegenständlichung」は「objectivication〔対象化〕」、「Entäußerung」は「alienation〔外化〕」、「Entfremdung」は「estrangement〔疎外〕」、「gegenständliches Gattungswesen」は「objective species being〔対象的類的存在〕」、「entfremdete Arbeit」は「estranged labour〔疎外された労働〕」、「Privateigentum」は「private property〔私的所有〕」。「外化 (alienation)」と「疎外 (estrangement)」との厳密な用語の区別は、英語版の編集者によるものである。このことについて読者が心に留めておかねばならないのは、マルクスのテクストにおいては、対応する二つの概念が英語版の編集者の決定が提案しているほど厳密な仕方では区別されていないということである。

（2）この点についての詳細な分析は、Quante (2004b)、(2009) および Lange (1980) を参照すること。

ルに基づいて自己認識過程を再構成する。主体がある特性を自らに帰属させるためには、主体はまずこの特性を生産物のなかへと外化せねばならず、そうしてから、第二段階として、生産物と同一化することによって、こうした外化を再領有するのである。このことを達成するために、主体は生産物が主体自身の行為の結果であることに気づいていなければならず、それには適切な認知的社会環境が必要となる。こうした想定のもとでは、外化は自己実現の一部を形作っており、承認は類的存在の社会的文法の本質的部分であることになる。

　もし人間がみずからの行為によってその本質を実現することに失敗するならば、これは疎外のひとつの事例である。これは本質的特性の失敗した外化として理解され得るのであり、マルクスによれば、四つの次元を含んでいる。

・生産物からの労働者の疎外
・生産行為からの労働者の疎外
・自らの類的存在からの労働者の疎外
・他の人間からの労働者の疎外

〈行為の過程のなかで意図されていなかったものは何も行為の結果の一部とはなりえない〉という前提にしたがって、マルクスは疎外の第一の次元を第二の次元に還元する。マルクスは、人間が本質的に、生産活動を通して自分を実現する対象的な類的存在であるということを仮定することで、第三の次元と第四の次元を結び付ける。所与の社会的生産構造が自己実現に不適切なものであるならば、人間自身の類の自己実現は成功し得ず、その結果、疎外された生産行為は同時に自分自身の類的存在からの労働者の疎外となる。次節で詳細に説明することになる想定によれば、労働者と労働者自身の類的存在との関係は他の人間との関係性の中で示されるため、疎外の第三と第四の次元は、分かちがたく結び付いているのである。

　『草稿』と「ミル評注」のなかでマルクスは、私的所有、市場および賃労働が、システム的に人間の本質の実現を頓挫させると考えており、それ故に、こうした社会的状態は疎外と特徴付けられ得る。こうした診断を解明するために、マルクスは類的存在の概念を参照しているのであり、この概念は——次節での私たちの分析が示すように——その価値評価基準として承認関係を含んでいるのである。

## 3.2 類的存在概念

疎外概念は行為の対象化モデルに依拠しており、それは同時に類的存在という概念の中心を占めている。人間が対象的な類的存在であるという前提なしには、マルクスは疎外の前の二局面と後の二局面との結び付きを説明することができないだろう。しかし、人間が対象的な類的存在であるという自らの主張によってマルクスは何を言わんとしているのだろうか。この問いは、それをさらに二つの問いへと区別することで最もうまく扱うことができる。

（問1）　マルクスの理論の形而上学的含意とは何か。
（問2）　マルクスの理論の倫理的含意とは何か。

問1に答えるために、マルクスの理論が思想史の中で置かれている文脈へと目を向けることは有益であろう[3]。

### 3.2.1　思想史における文脈[4]

『経哲草稿』と「ミル評注」執筆時の類概念のマルクスの用法が、直接的にルートヴィヒ・フォイエルバッハならびにモーゼス・ヘスに倣っていることは、ほぼ確実である。しかしながら、ヘーゲルの影響もまた三つの理由で、この問題に関して重要である。というのも第一に、ヘーゲルが一般的にマルクスの理論展開にとって重要であるからであり、第二に、フォイエルバッハ哲学がヘーゲルの影響を受けているからであり、第三に、マルクスはみずからの博士論文の準備期間中に集中的にヘーゲルの自然哲学を研究していたからである。

**ヘーゲル**：マルクスの最初の参照源は、ヘーゲルの自然哲学末尾における類的関係性についてのヘーゲルの分析である。そこでヘーゲルが関心を持っているのは、いろいろある中で、とりわけ社会的観点を除いて考えると、諸個体の行動による類の性的再生産〔有性生殖〕（ヘーゲルは主に高等哺乳類を考えている）、そしてまた諸個体の

---
（3）Breckman (1999) ならびに Quante (2010) も参照のこと。
（4）この点についての詳細な分析として、Quante (2010) を参照。

学習過程およびその死でもある。1830年版のヘーゲル『エンチュクロペディー』の第369節においてヘーゲルは両性間の関係性について以下のように書いている。

> 「類[genus]の種[species]へのこうした最初の分断、そして個別性という直接的で排他的な対自存在への種のさらなる規定は、単に他者に対する否定的で敵対的な態度であるに過ぎない。しかしまた類は本質的に、個別性が類の中で肯定的に自分に関係することである。こうした自己関係の中では個別性は同種のほかの個体に対立する排他的な個体でありながら、この・他・者の中で自らを維持し、この・他・者の内に自らを感じ取る。こうした関係性は欲求とともに始まる過程である。その際、個別的存在としての個体は内在的な類には適合しないのと同時に、ひ・と・つ・の・統・一における類の同一の自己関係である。それゆえ個体はこうした欠損の感情を持つのである。したがって、類は個体の個別的な現実性の持つ不適合性に対抗する緊張としての個体のうちにある。すなわち、個体は自らと同じ類に属する他者の中で自己感情に達し、この他者との結合によって自らを統合し、この媒介によって自らと類を結び付け、類を実在へともたらそうとする衝動である。これが生・殖(Begattung, クヴァンテ補足)である。」〔『自然哲学 下巻』674頁〕[(5)]

ヘーゲルにとって、類は諸個体の行動の中でのみ、そして諸個体の行動を介してのみ現実的である。しかし諸個体の行動は、哲学的には類の表れとしてのみ捉えられ得る。類が諸個体の普遍的性質あるいは本質を表しているので、ヘーゲルはこのことが、一方で類の普遍的性質の能動的統一、そして他方では他者に対する個体の振る舞いの特殊性を明らかにしていると見なしている。自然哲学のこうした文脈では、個体は類との関係からすると不完全であり、個体は同じ類に属するほかの個体との関係性を介することでのみ、こうした不完全さを補完することができる。

人間の場合で言えば、人間の自己意識、そしてそれと結び付いた人間の認識能力および実践能力によって、普遍と特殊のこうした関係性は単一の個体に意識されるに至る。すなわち、人間の単一の自己意識は、それ自体類の普遍性と特殊な個体性の統一なのである。ヘーゲルによれば、こうした統一は精神としてのみ、言い換え

---

(5) Hegel (1970). このテクスト〔英訳〕は M. J. Petry によって編集され翻訳されたものである。引用における強調点は、ドイツ語の原典の第三版にしたがっている。

れば社会的制度（客観的精神）と文化的媒体（絶対的精神）の領域の中でのみ、存在することができるのである。それに伴って、ヘーゲルの社会哲学・法哲学においては、存在論的な相互依存関係が自然哲学においてよりも、本質的に複合的なものとなる。それと同時に複合性のこうした増大によって、自然哲学にとっては重要でなかった可能的な倫理的〔普遍と特殊の〕配置が多数生じることになる。

　・・・・・・・・フォイエルバッハ：フォイエルバッハとマルクスが述べようとしているように、人間にとって自身の類とは、理論的かつ実践的な事柄である。人間の類的存在は――マルクスが言うように――「普遍的」なのである。類関係の理論的次元について、フォイエルバッハはヘーゲルの理解に従っているが、マルクスもこの点で意見を異にすることはない。人間はみずからの認識能力によって人間自身の本質にも、概念としてのほかのあらゆる事物の本質にも気がつくことができる。フォイエルバッハは自らの宗教批判、後により一般的に言われた言い方では、イデオロギー批判にしたがって、人間と人間の類的存在との関係性の実践的次元を修正している。ヘーゲルは人間学的側面や社会的制度のみならず、芸術、宗教および哲学を〔人間の〕自己解釈の媒体として、そして類のこの性質を実現する正当な方法として認める、精神の細分化された概念を展開した。それに対して、フォイエルバッハは言説全体を人間学的で社会的な領域へと転換するのである。(6) 結果として、ヘーゲルが考えていた、単一個体と類との細分化された関係性は、類の優位へと変化する。それに加えて、たとえそれが初歩的な仕方であったとしても、すでにフォイエルバッハの中には、人間の類的存在は歴史的進歩の過程で自らを展開し、実現しなければならないという考えが見出される。

　しかしながら、以下四つの傾向性は、マルクスの構想のなかに見出される以前に、モーゼス・ヘスの著作のなかで、より練り上げられた形式を与えられている。それはつまり、
・類の優位性
・人間学的社会的関係性の優位性
・実践的関係性の優位性
・本質の歴史化

である。このモーゼス・ヘスと、マルクスは『経哲草稿』執筆の時期に共同して研

---

（6）この点については Brudney (1998) ならびに Leopold (2007) を参照。

究を行っていた。

**ヘス**：1812年生まれのモーゼス・ヘスの諸著作は、ドイツにおける社会主義思想の最初のマニフェストとして読むことができる。ヘスは、ヴィルヘルム・ヴァイトリングにも先駆けて、歴史哲学的に最も重要な意味を持つ威力 [force] としてプロレタリアートを「発見」していた。それが最も重要な意味を持つのは、この威力によって疎外が克服されることになるであろうからである。ヘスはヘーゲルの観念論を拒否し、観念と事柄の統一を前提とする。1842年にヘスは、当時マルクスが編集していた『ライン新聞』に寄稿し、そこで自らの類的存在概念を展開し、端的に共産主義的立場を取っている。

ヘスが1840年から1845年のあいだに展開した類的存在理論の一貫した歴史的−哲学的次元は、この類的存在が本来はみずからの実践的・社会的活動のなかで自分を実現するのだという彼の主張とともに、マルクスに持続的な影響を与えた。(7) 現存する疎外の止揚は、私的所有、国家およびあらゆる国家制度の廃止によってのみ可能なのである。それらに代わって場所を占めるのは、社会的統一と調和というユートピアであり、それは空想家シャルル・フーリエの考えを採り入れ、人間の相互的道具化を断固として排除するものである。ヘスは、類的存在の本質の規定としての、そしてそれゆえ歴史の終わりとしての、国家による強制から自由に確立される、おのずから調和的で自覚的な人間の協働を宣言している。個体〔個人〕と類との関係性の理論的次元は、ここでは実践的次元に対する副次的なものとして扱われ、類の実現の核心は一方的に類の側に負わされている。すなわち単一の人間は、ヘーゲルあるいはフォイエルバッハの理解とは異なり、単なる〔類の〕一例になるのである。

マルクスの類的存在モデルは、三つの源泉の総合として理解することができる。すなわちそれは、フォイエルバッハの人間学的構想、ヘスの社会的統一という視点、ヘーゲルから採用された行為の対象化モデルの三つである。ヘーゲルとともにマルクスは、疎外の必然性を概念化するために認識論的な主体−客体モデルに同意する。フォイエルバッハとともにマルクスは、本来は社会的な類的存在の副次的側面として、類的存在の人間学的ならびに理論的な個人的次元を考えている。そしてヘスと

---

(7) Rosen (1983) も参照すること。

ともにマルクスは、生産手段の私的所有、賃労働および法状態の存在を、疎外の表れとして批判している。そうした疎外の表れは、直接的な、あるいは意図的に計画され、合理的に把握された協働によって取って代わられる。さらにマルクスは、歴史的な本質の発展に不可欠な過程という観点から歴史的に物事を考えるという点でヘスに同調している。そこではこの歴史は、危機および対立形成を通じて進行すると考えられている。

### 3.2.2 形而上学的側面

　以上で、マルクスの構想を直接的な歴史的文脈に位置づけたので、ここで私は三つの類的存在理論の形而上学的側面に取りかかりたい。ここでは三つの段階を踏むこととする。第一に、マルクスの類的存在概念の本質主義を再構成し（ⅰ）、次いでそのなかに含まれている社会存在論的関係性を再構成し（ⅱ）、最後に類的存在と疎外との関係性、すなわちマルクスの理論の歴史的－哲学的次元を再構成する（ⅲ）。

#### （ⅰ）本質主義

　マルクスは、本質主義的前提なしには、類的存在と疎外についての自らの概念を定式化することができない[8]。ここで、私が本質主義として理解しているのは、存在者の本質的特性と非本質的特性、すなわちある存在者の本質を構成する特性とそうではない属性とを区別することができるという主張である。おおざっぱに言えば、本質的特性Fとは、ある種に属するある存在者xがその種に属する存在者であるために必ず有していなければならない特性である。

　人間の類的存在は、時間を跨いで変化する存在者の複合的事例を示すものであり、そうした存在に関して私たちは現実的特性と潜在的な特性とを区別することができる。ある存在者xが、時点tにおいてその特性の一つを顕在化しておらず、この特性がこの存在者の本質に含まれるとするならば、そのときにはその存在者xは——この存在者がその種の通常の一例である限り——この特性を潜在的に持っているのである。それに対して、もしそのような存在者xが、その本質を実現することができない、つまり現実的な状況のためにその本質的特性の少なくともひとつを実現することができないのであれば、その存在者xは潜在性を顕在化するのを妨げられて

---

（8）Wood（1981）、Meikle（1985）およびArchibald（1989）を参照すること。

いるという意味で、その本質から疎外されているのである。

　マルクスによれば、類的存在としての人間は、自分自身の本質的特性に関する信念を持つことが、それにとって本質的であるような存在者である。いまや以下の事態が生じうる。つまり、xは自分自身の本質について誤った理解を持っているため、xは自分自身の本質を実現することができない、という事態である。すなわち私たちがここで見ているのは、自身の本質についての自己理解というレベルにおける疎外の特殊な一形式である。マルクスの見るところでは、社会的および物質的実現というレベルにおける疎外は、そうした不適切な自己解釈と結び付いている。そこでは、疎外の二つの次元が相互に依存しあっているのである。すなわち、誤った自己解釈は誤った社会関係をもたらし得るし（あるいは少なくとも誤った社会関係を固定化させうるし）、誤った社会環境は誤った自己解釈を生み出し得るのである。

　「誤った」という用語は、ここでは本質的に、あるいは倫理的に解釈することができ、人間本性についての本質主義的概念から、倫理的立場への歩みは──一見したところ──遠くない。人間の本質の実現が同時に倫理的に重要な善であるという主張をマルクスに帰属させることによって、『経哲草稿』を倫理的に形成された、アリストテレス・タイプの理論として読解することは適切である（Sweet 2002ならびに Leopold 2007を参照）。しかしながらマルクスの理論的試みは、完全に説得的であると言えるほどには詳細に展開されてはいないし、マルクス自身がこうしたアリストテレス的原理を明示的に認めている箇所はない。実際のところ、マルクスの疎外概念が、彼をはっきりと倫理的理論にコミットさせることになるのは、倫理的主張から本質主義を引き離すことが不可能である場合だけである。ただし、そうした倫理的含意を含まない本質主義もあり、それには二つのバージョンがある。これらのうちのひとつは歴史的−哲学的本質主義であり、それは歴史的過程を、もろもろの存在者の本質的特性が時間を跨いで実現される過程として理解する。この考え方は、倫理的前提を必ずしも含まなくても、一般的な形而上学的前提に基づくことができる。第二の選択肢は、科学的本質主義である。それは、自然科学が実在的事物とそれらの本質的特性に関する真理を明らかにするという純粋に存在論的で方法論的主張に基づいているのであれば、倫理的前提から自由である。本質主義のこれら二つのバージョンは、マルクスの理論をアリストテレス化する解釈を説得的なものにするものではない。しかしながら、マルクスの理論のなかには倫理的読み方の説得性を強化するほかの概念的源泉がある。

### (ⅱ) 社会存在論的モデル：個体と類

　類的存在としての人間について語ることは、手元にある理論がいかにして類と個体との関係を、——普遍と事例としてであれ、タイプとトークンとしてであれ、集合と要素としてであれ——考えているのかという問いを呼び起こす。関係項について考える上述の方法は、それぞれ捜し求められている関係についてさまざまな観点を表現しており、さまざまな存在論的コミットメントをもたらす。さらに、社会現象の領域においては、これらのさまざまな文法が、倫理的帰結を持ち得るのである。疎外の第三と第四の次元の間でマルクスが行っている区別は、疎外の間の他の三つの区別に比べるとそれほど明確ではない。マルクスは以下のように述べている。

　　「人間が自らの労働の生産物、自らの生活活動そして自らの類的存在から疎外されているという事実の直接的な帰結は、人間の人間からの疎外である。人間が自分自身に対立する場合、人間は他の人間にも対立する。」(Marx & Engels 1975, p. 277)〔『経哲草稿』、438頁〕

　マルクスによれば、疎外の第四の次元はそれ以外の三つから「直接的」に「帰結」として生じる。「直接的」という用語は、間違いようもなく、こうした帰結の実現がそれ以上の推論を必要としないこと、つまりそれ以上前提を必要としないことをはっきりと示している。このことを理解するために私たちは、関係 $R_1$（個別的な人間と類的存在との関係）と関係 $R_2$（個別的人間同士の関係）との関係性を、マルクスがどのように考えているのかを明らかにしなければならない。マルクスはみずからの主張を次のように繰り返している。

　　「人間の自分自身に対する関係は、他の人間に対する自らの関係を通してはじめて、自らにとって対象的になり、現実的になる。」(Marx & Engels 1975, p. 278)〔『経哲草稿』、439頁〕

　この主張は、それがはじめて疎外に適用されている箇所に見出される。これにつづいて、以下のようなより一般的な主張がなされている。

　　「人間の疎外、そして実際に人間が自らに対して〔持っている〕いかなる関係

性も、人間が他の人間に対して持つ関係性のなかでのみ実現され、表現される。」(Marx & Engels 1975, p. 277)〔『経哲草稿』、438頁〕

　人間の、その類的存在からの疎外を自己疎外として、したがってそれゆえ自己関係として理解するのであれば、そうした理解は、$R_1$が個別的人間同士の関係性の中で、そしてそうした関係性を通して実現されるという主張から生じる。このように考えると、マルクスの以下の強い主張を理解することができる。

> 「人間の類的本性が自分から疎外されるという命題が意味するのは、ひとりの人間が他の人間から疎外されることであり、彼らのそれぞれが人間の本質的本性から疎外されることである。」(Marx & Engels 1975, p. 277)〔『経哲草稿』、438頁〕

しかしながら、これらの検討は依然として四つの点を無規定なままにしている。

1．人間個体とその類的存在との関係はどのようなものなのか。
2．類的存在の存在論的地位とはどのようなものなのか。
3．$R_1$（人間と類）と$R_2$（人間と人間）との関係性とはどのようなものなのか。
4．社会存在論的次元と価値評価的−規範的次元との関係性とはどのようなものなのか。

これら四つの問いに解答するには、このモデルの倫理的含意の分析が必要である。しかしこの主題に取り組む前に、私はマルクスの類的存在という概念がなぜ歴史的−政治的次元を有しているのかを簡単に説明したい。

### (iii) 類的存在と疎外：歴史哲学

　マルクスの理論は、観念論的前提をおいているために、そこには必然的に歴史的−哲学的次元が含まれる。この必然性は行為の対象化モデルから生じるのだが、その必然性はマルクスが知と自己知という認識活動を説明するためにこのモデルを用いているという事実と結び付いている。[9] この説明の背景には本質主義的前提があり、その前

---

(9) マルクスはこのモデルをヘーゲルの自己意識の説明のなかで発見した。この点については、Quante (2011) 第11章で詳しく扱った。

提にしたがえば、人間の類的存在は第一に自己実現へと方向付けられており、第二に、自己意識としての人間の普遍的性格によって自己自身の本質に関する自己知を持つ。しかし、もし人間が行為を介して自己自身を対象化することによってのみ、自己自身の本質を認識することができるのであれば、必然的に外化が自己実現に含まれている。それと同時に、適切な自己実現が失敗した場合には、それによって疎外を生じさせる可能性が開かれることになる。もしマルクスに対して人間が彼の時代に疎外されていることを認めるならば、疎外の克服は、現実的な前提条件の下で、人間を類的存在として実現することへの不可欠な中間段階であることが実際に妥当する。しかし〈類的存在としての人間が、次のような疎外の形式をすぐに見つけることはできないのだろうか〉と問うことができただろう。それは、人間の本質の適切な実現として、すなわち適切な自己理解として見なされたであろう疎外の形式である。その場合、疎外の可能性は依然として外化の一部であるのだが、それは実際には実現されなかったであろう。

諸現象のあいだの概念的に必然的な結び付きを説明するというマルクスの目的を念頭におけば、マルクスが疎外の事実に訴えることでは満足してはいないということが明らかである。自らの哲学的前提からマルクスは、疎外の止揚が同時に不可能にされないような仕方で生じるこの疎外の必然性を証明しなければならない。1844年の時点では、マルクスはこの問題を彼自身の理論のなかで解決することはできなかった。マルクスは、もはや自己意識の構造に基づく正当化を肯定的に採用することはできない。なぜなら、そのような正当化はフォイエルバッハ的転回を通じて排除されているからである。マルクスは、自身の新たな自己理解および方法論的前提と両立可能な方法で、彼の哲学的構造を具体化しなければならないのである。

## 3.3 類的存在の社会的文法としての承認

それでは（問2）、つまり「マルクスの理論の倫理的含意とは何か」という問いに取り組むことにしよう。ここで私は、承認概念こそが求められている倫理的含意を説明するために決定的な源泉であることを主張する。マルクスがヘーゲル哲学に依拠する仕方は入り組んだものであるが、まずはそのヘーゲル哲学を手短に概観し（3.3.1）、そのあとで、マルクスがどのように、承認を批判の基準として（3.3.2）、そして、マルクスの肯定的対案における中心的要素として（3.3.3）用いているのかを示したいと思う。

## 3.3.1 ヘーゲルの承認

ヘーゲルは、すでにイェナ時代に、承認理論に基づく自己意識の分析を提示している。さらにそこでは、承認概念は基本的倫理原則の役割を担っている。1803年から1806年のあいだに執筆された、『イェナ体系草稿』においてヘーゲルは（存在論的原理ならびに倫理的原理としての）この二重の体系的機能において理解された承認原理を、彼の実践哲学の基礎とした (Hegel 1987〔「イェナ体系草稿III」〕を参照)。しかしこれらのテクストはマルクスの存命中には出版されず、マルクスが知ることはなかった (Siep 1979を参照)。

したがって、承認原理についてマルクスが参照することのできた最初のテクストは、ヘーゲルの『現象学』の第4章である。この章には自己意識の社会的構成に関するテーゼだけではなく、マルクス研究者がマルクスのヘーゲル理解の中心的な参照点と見なす主人と奴隷の弁証法に関する節も含まれている。ヘーゲルの承認理論の適切な解釈のためには、『現象学』全体の目的を明確化することが決定的に必要であり、この目的は社会的闘争理論という実践哲学の枠組みを明らかに超えたものである。マルクスがヘーゲルの承認理論を自分自身の理論的目的のために用いる方法の簡潔な分析は、『現象学』の文脈におけるヘーゲルのコンセプトを説明しなければならず、正確にマルクスが何を受け継ぎ、何を退け、そして何を——意識的にであれ無意識的にであれ——修正しているのかを明らかにしなければならない。

成熟期の体系の一部として1820年に出版されたヘーゲルの『法哲学』のなかでは、実践哲学にとって組織的な原理の役割を果たすのは承認概念ではなく、むしろ意志概念である。しかし、承認概念は、ヘーゲルの意志論のいくつかの観点において、間違いなく決定的な役割を果たしている。例えばヘーゲルは、人は他者の承認を欠いては行為主体たりえないと主張する。さらにヘーゲルは、（典型的には抽象法部門における、例えば契約、交換と価値といった）社会現象を説明する文脈で間主観的承認の関係性を分析している。マルクスもはっきりと気が付いていたように、ヘーゲルの法哲学は、もはや承認の実践哲学ではないにもかかわらず、マルクスが自らの承認理解のために立ち返ることができるような様々な考えを見つけるのはこのテクストである。意識的であれ無意識的であれ、マルクスは、ヘーゲルの全体的な理論的目標が『現象学』と『法哲学』では異なっていることに目を向けない。このことは承認のそれぞれの現象と、その機能の分析のなかでは広く認められていることであるため、マルクスがヘーゲルの承認論を受け継ぎ、批判し、あるいは修正す

る仕方を詳細に分析するには、これらの違いを見落とすべきではない。

　本章において言及することができるのは、マルクスがそれ以上区分することなしに依拠しているヘーゲル理論の要素だけである。このことは続く二つの理由で重要である。一方で評価原理と構成原理という「承認」の二重の体系的な役割は、マルクスが類的存在の理解において、すぐさま社会存在論的観点かつ人間学的観点を価値評価的−規範的観点と結び付ける理由を説明する。他方で例えば、ヘーゲルが、抽象法の自らの説明の中で企てているような、承認論に基づく契約、価値および交換の分析という文脈によって、なぜマルクスがこれらの分析を、同時代の経済学(ポリティカル・エコノミー)の疎外を可視化するための規範的基準として用いることができるのかが説明される。それと同時に、ヘーゲルの理論のそもそもの文脈を考慮に入れることは、なぜマルクスが、疎外されざる状態についての自らの肯定的コンセプトの中に、承認原理を中心的要素として統合することができるのかを理解するうえで助けになる。

### 3.3.2　価値評価的批判の基礎としての承認

　「ミル評注」(pp. 211-228)〔364–384頁〕におけるマルクスの前提のひとつは、貨幣が類的存在の疎外された対象化であるということである。

> 「貨幣の本質は、さしあたりは、所有がそのなかで外化されていることにあるのではなく、人間の生産物がそれによって相互に補完しあっている媒介的な活動ないし運動、人間的社会的行為が疎外され、貨幣の属性に、すなわち人間の外部の物質的存在になるということである。」(Marx & Engels 1975, p. 212)〔「ミル評注」、364頁〕

活動の特性を生産物に移すことによって、

> 「人間はみずからの意志、みずからの活動、そして他者に対するみずからの関係が、自分からも他者からも独立した力となっているのを直感する。」(Marx & Engels 1975, p. 212)〔「ミル評注」、364頁〕

この箇所でマルクスはすでに肯定的説明を定式化している。すなわち、「〔貨幣は〕

人間自身の代わりに、人間にとっての媒介者」(ibid. p. 212)〔「ミル評注」、364頁〕となっているのであり、それは「ミル評注」の末尾でより詳細に提示される(本書4.3を参照)。さらにこの箇所は、よく知られたフォイエルバッハの宗教批判を、分業、私的所有および賃労働という条件下での経済的な関係性へと明示的にあてはめており、そしてまた私的所有が通貨制度へと発展「せざるを得ない」(ibid. p. 212)〔「ミル評注」、364頁〕という思想も含んでいる。私的所有はすでに疎外の形式であるため、疎外の元凶は直接的に話題とはならない。しかし「せざるを得ない」〔という言い方〕が示しているのは、マルクスがここで必然的な発展を考えているということである。これに関連して、私が引用したいと思うもう一つの箇所は、マルクスがそこでヘーゲルの『法哲学』という概念的な背景を明らかにするような仕方で、価値というカテゴリーを導入しているがゆえに、興味深い箇所である。価値というカテゴリーは『資本論』においても決定的な役割を果たしているため、ヘーゲルの間主観性理論に基づくこの分析は、マルクスにとってきわめて重要である。というのも、ヘーゲルは抽象法における相互関係を物象によって(あるいは物象を通じて)媒介されたものと見なしているからである。

> 「交換を行う人間のあいだの媒介過程は、なんら社会的過程でも人間的過程でもなく、人間的関係性でもない。それは私的所有に対する私的所有の抽象的関係性である。そしてこの抽象的関係性の表現が価値であり、価値としてのこの価値の現実的実在が貨幣を構成する。交換を行う人間は人間として相互に関係し合うのではないのだから、物象は人間的所有ならびに人格的属性という意義を喪失する。」(Marx & Engels 1975, p. 212 f.)〔「ミル評注」、365頁〕

『法哲学』においてヘーゲルははっきりと、契約における二つの人格のあいだの合意は「自由な者として承認し合う二人の統一である」と述べている。それと同時にヘーゲルがさらに述べているように、そうした「承認」は「こうした抽象的統一であるにすぎないのである」[11]。

マルクスの存命中に出版された版ではこの書き込みが含まれていなかったため、彼はその存在を知ることができなかった。しかしマルクスは、物象によって(ある

---

(10) ヘーゲル『法哲学』(Hegel (1991))の第113節を見よ。
(11) ヘーゲル『法哲学』(Hegel (1991)) 第72節の書き込みを見よ。〔該当箇所は翻訳には含まれていない〕

いは物象を通じて)媒介される、契約の両当事者間の社会的相互行為が、承認の特殊な形態を構成することをヘーゲルの主要テクストから抽出した。承認を抽象法の存在論的基礎およびその妥当性の基礎と主張したヘーゲルに対して、マルクスは承認を疎外された／疎外する相互行為の表現とみなし、そうした相互行為において人間は互いから疎外され、また類的存在からも疎外されるようになると考えた。

「交換あるいは交換取引は、それゆえ私的所有内部での人間の社会的行為、類的行為、共同体、社会的交通と統合であり、それゆえそれは外的で疎外された類的行為である。まさにこの理由のゆえに、そうした類的行為は交換取引として現れるのである。こうした理由で、同じくそうした類的行為は社会的関係性の反対物なのである。」(Marx & Engels 1975, p. 219)〔「ミル評注」、372頁〕

マルクスにとって、ヘーゲルにおける純粋な承認形態は疎外である。マルクスによれば、このことが明白になるのは、ヘーゲルによる承認としての抽象法という概念においてであり、それは本質的に私的所有を通じて形作られるものなのである。以下で明らかになるであろうように、これに対抗してマルクスは自らの人間学的代替案を対置する。ヘーゲルに私法に関する関係性についての承認しか見出されないのであれば、マルクスの批判は不当なものではなかったであろうが、マルクスはヘーゲル哲学における他の承認モデルに気がつかなかったか、あるいはそれを除外したのであった。マルクスがヘーゲルの私的所有の分析に対抗して提示する承認の肯定的概念も、ヘーゲルのモデルに従うものである。しかしながら、愛という承認がマルクスに入り込むのは、フォイエルバッハを経由してのことであった。ここでは私たちはマルクスに同意しなければならないが、財産法 [Property law] は所有権を介してあらゆる社会的関係を組織するものであって、そこには間主観的関係が入り込む余地はないのである。そして、ヘーゲルは、所有としての人格と物件との関係性のなかに抽象法の承認の起源を見定めており、それゆえ『法哲学』において提示されているヘーゲルのモデルは特にマルクスの批判に適ったものである。[12]

交換が承認関係であり、そのなかで類的存在としての人間の性格が疎外された仕方で対象化されることを示したので、マルクスは「ミル評注」の終盤で、私的所有、

---

(12) ヘーゲル『法哲学』(Hegel (1991)) 第41から43節を参照。

賃労働および分業という状況下での疎外された／疎外する承認関係を詳しく説明している (ibid. pp. 225-227)〔「ミル評注」379–380頁〕。そしてその後で、マルクスはみずからの対抗ユートピアについての簡単なスケッチでもって〔この「ミル評注」を〕締めくくっている (ibid. pp. 227 ff.)〔「ミル評注」380頁以下〕。

　その際にマルクスは、単純化のためのいくつかの前提を設けている。つまり $A$ と $B$ はそれぞれ (内的分業なしに) $P_1$ と $P_2$ を生産し、二人はそれを直接 (貨幣を媒介せずに) 交換し、それぞれ自分たち自身の消費のために交換する (中間取引なし) と仮定する。以下では、この状況が ($B$ の観点がこれと対称的であると仮定して) $A$ の観点から描かれる。

ステップ１：$A$ が $P_1$ を生産する。
- $A$ は、〈$P_1$ を自分で消費するのではなく、$P_2$ と交換する〉という意図を持って生産する。
- $A$ は自分自身の欲求を満たすために、$P_2$ を購入したいと思っている。
- $A$ は、〈$B$ が $P_2$ を $P_1$ と交換すること〉を望んでいる。
- $A$ は、〈$B$ が $P_1$ を欲求する〉と信じている。
- $A$ は、〈もし $B$ が $P_1$ を $A$ から受け取るならば、$B$ が自分に $P_2$ を与えるだろう〉と信じている。
- $A$ は自分自身の欲求を満足させるために $P_2$ を手に入れるという意図を持って $P_1$ を $B$ に与える。

ステップ２：$A$ が $B$ と交換する。

　この交換で $P_1$ に対する $B$ の欲求は、$A$ の行為の目的ではない。$B$ が $P_1$ を欲求していることを $A$ は信じているが、それは $A$ の行為意図の意識的構成要素の一部ではない。交換という行為において、$A$ は $B$ をもっぱら $P_2$ の所有者としてのみ承認し、$P_1$ への正当化された欲求を持つ存在としてではない。$B$ が $P_1$ を欲求していることは、$A$ が $B$ に $P_1$ を与える動機ではない。むしろ $A$ の唯一の動機は、自分自身の欲求を満足させるために $P_2$ を手に入れることである。$A$ は、$P_2$ に対する自分自身の欲求を満足させる手段として $P_1$ を用いるという意図を持ってのみ、$A$ は——交換を見越して——$P_1$ を生産したのである。$B$ が $P_1$ を欲求するという事実がこの意図を実現させるための必要条件であり、$A$ によって推定されているにもかかわらず、このことによって $A$ が、$B$ の欲求を $A$ による $P_1$ の生産に対する動機と見なすことにはならない。

マルクスは以下のように、一人称的観点からこの状況を分析している。[13]

[1]「あなたがあなた自身のために生産したのであって、私のために生産したのではなかったように、私はあなたのためではなく、私のために生産したのであった。あなたの生産の成果が私と直接的に結び付かないように、私の生産の成果はあなたとは関係がない。つまり、私たちの生産は人間としての人間のための人間による生産ではないということであり、言い換えればそれは社会的生産ではないということである。それゆえ人間としての私たちの誰も、他者の生産物に対してそれを享受する関係にはない。私たちそれぞれの生産物に関わるかぎりでは、人間として私たちは存在していない。それゆえに私の生産物はあなた自身の本性、あなたの欲求の対象化なのだから、私たちの交換もまた、私の生産物があなたに(対して)あることが確証されるような媒介過程ではありえない。というのも、私たちが互いに作る諸生産物の間のつながりを形作るのは人間的本性ではないからである。交換は、私たちのそれぞれが自分自身の生産物に関して持ち、したがってまた相手の生産物に関して持つ関係の性質を運動させ、確認することができるだけである。私たちのそれぞれは自分の生産物のなかには自分自身の利己的な欲求の対象化だけを見ているのであり、それゆえ他者の生産物のなかに、自分とは無関係で自分とは無縁な相手の利己的欲求の対象化を見ているのである。」(Marx & Engels 1975, pp. 225-227)〔「ミル評注」、379-380頁〕

説明：$P_2$が$B$の所有物であり、交換によってのみ$A$は$P_2$を得られるのだから、$P_2$は$A$に対して直接的な関係にはない。$P_1$の生産は、所有者$B$のための所有者$A$による生産であり、人間的類的存在$A$の人間的類的存在$B$のための生産ではない($B$の欲求は$A$の生産の目的ではなく、そのため$A$の計算は「人間として」の$B$を含まない)。こうした構造のために人間である類的存在は交換のなかでは実現されない。なぜならこの類的存在が実現されるのは、$A$が$P_1$への$B$の欲求を、自分の$P_1$の生産の目的とした場合だけだからである。もし$A$が$B$の欲求の充足を意図していたなら、$A$と$B$との相互行為は、この欲求のために他者の欲求を満足させることによって自分たちの本性を相互に実現し、「人間の本性」の対象化となっていたことだろう。

---

(13)「ミル評注」225-228〔379-380頁〕ページからの引用。

第3章　承認と類的存在　　69

　マルクスの考えは以下の前提に基づいている。つまり、もし$X$が$Y$を欲求するなら、そのとき$Y$は$X$の本性に属する。それゆえ$A$が$B$の生産する何かを欲求するならば、$B$の生産は$A$の本性の実現の一部分である。人間の類的存在は、物質的再生産のレベルでの社会的相互行為を通じてのみ自己自身を実現することができるのである。しかしこのことは、私たちの交換状況では達成されない。なぜなら必然的な社会的文法、すなわち（生産と交換の目的としての）他者の欲求の相互承認が与えられていないからである。

　次いで、マルクスは、交換という行為にあっては、単独の行為主体の意図を通じて生産行為そのものの中ですでに対象化されていないものは、何も対象化され得ないということを指摘する。このことによってマルクスは、〈集合的行為に参加する個々の行為諸主体の意図へと還元され得ないものが、交換の中で（あるいは他の形式の集合的行為の中で）対象化されることがあり得る〉という批判に反論しようとしている。この命題は──「見えざる手」解釈に対抗するものだが──以下のことに行き着く。すなわち、マルクスの対象化モデル内部では、集合的行為は個々の行為者たちの意図へと還元されなければならない、ということである。

　マルクスは、交換の中で実現される形式が人間の類的存在にとっては適切でないことを指摘しながら議論を続けている。$A$による$B$の欲求の非承認（あるいはその逆）は、この欲求が存在しないことを含意しはしない。本質主義的前提に従えば、むしろこの欲求は人間の類的存在の表現であり、開示なのである。しかしこうした本質的結び付きは、交換という疎外された状態のなかでは歪められてしまっている。マルクスはこれを以下のように道具化と他律として記述している。

［2］「もちろん、人間としてのあなたは私の生産物に対して人間的関係を持っている。すなわち、あなたは私の生産物を欲求する。それゆえに私の生産物は、あなたにとってあなたの欲望やあなたの意志の対象として存在している。しかしながらあなたの欲求も欲望も意志も私の生産物にとっては無力なものと見なされる。したがってこのことは、あなたの人間的本質、それは私の人間的な生産に対する内的関係を持っているわけだが、そうしたあなたの本質が私の生産を支配し、それをあなたの所有物とはしていないことを意味する。というのも、あなたの人間的本質は私の生産のなかで承認される人間の本性の独自性ではないし、その力でもないからである。むしろあなたの欲求、欲望そして意志はあなたを私に依存

させる紐帯なのである。なぜならあなたはそれらによって私の生産物に依存させ
られることになるからである。それらは私の生産を支配する力をあなたに与える
手段であるどころか、逆にそれらはあなたを支配する力を私に与えるための手段
なのである。」(Marx & Engels 1975, p. 225)〔「ミル評注」、380頁〕

$A$ が $P_1$ を生産するとき、$A$ が $P_1$ に対する $B$ の欲求を考慮に入れ、それによって
この観点もまた生産物のなかで対象化されるということで、マルクスの分析に反
対する者もいるかもしれない。マルクスはこれに、$A$ が $P_2$ を手に入れるという目
的を持って $P_1$ を生産することを指摘することによって応答している。したがって、
$P_1$ は $A$ の活動の実際の目的ではない（それが、$A$ がこの活動のなかで自己自身を
疎外する理由である）。そして $B$ と $B$ の活動および $B$ の欲求は、$P_2$ を得るために
$A$ が採用する手段に過ぎない。$A$ と $B$ の意図と行為の間には網の目が張り巡らさ
れており、これが実際に機能し得るのは、$A$ と $B$ が人間の類的存在に関与してい
るから、すなわち彼らは他者なしには自らの本性を実現することができないからで
ある。しかしそのことによって、$A$ と $B$ は自分たちの個人的な効用だけを目指し、
彼らは可能な限り簡単かつ完全にそれを実現したいと考えるのである。マルクスに
よれば、これが、$A$ と $B$ が互いを欺こうとしているということが、この協働の形
態によって構造的に含意されている理由である。彼ら相互の利益のための協働であ
るように見えるものは、マルクスの目からすれば、自分自身の利益の追求における
他者の道具化である。

［3］「もしも私が直接自分で使用することのできる以上に対象物を生産すると
したら、私の剰余生産には巧妙にもあなたの欲求が計算に入れられているので
ある。私がこの対象物の剰余を生産するのは見せかけにすぎない。実際には私
は別の対象物を生産しているのであり、すなわち、私がこの剰余と交換しよう
と思っているあなたの生産の対象物を生産しているのである。そして私は
すでに自らの心のなかでこの交換を終えている。私があなたに対して持っている
社会的関係や、あなたの欲求のための私の労働はそれゆえ、単なる見せかけに
すぎず、そして私たちの相互の補完関係も同様に単なる見せかけにすぎず、そ
うした見せかけの基礎には相互の略奪がある。略奪やごまかしの意図は必然的
に背後に潜んでいる。というのも、私たちの交換はあなたの側から見ても私の

側から見ても利己的であり、それぞれの利己心が他方の利己心を打ち負かそうとしているのだから、私たちは必然的にお互いを欺こうとしているのである。」(Marx & Engels 1975, pp. 225-226)〔「ミル評注」、380頁〕

交換という状態においては、$A$ と $B$ は、彼ら各々の生産物の私的所有者として互いを承認している。それゆえ、再び拒否することも可能であり、$B$ は結局、自分の生産物を $A$ の生産物とは交換しない自由がある。マルクスは次のように述べることで、このことを認めている。つまり、$B$ が実際に $P_1$ の力を承認した場合にのみ、つまり $B$ がみずからの欲求を満たすために $P_1$ を欲求するという理由で交換に同意した場合にのみ、$A$ の戦略が成功し得ると言うのである。こうした交換ではこの承認が双方の側で行われているのだから、互いに相手を出し抜こうとする戦略は、$B$ に $A$ の生産物の力を認めさせるために $A$ が〔$B$ と〕戦うといった承認をめぐる戦いを構成する。マルクス自身の言葉では以下のようになる。

[4]「私は、私の対象物にあなたの対象物を支配する力を認める。しかしこの力が現実の力となるためには、あなたの承認を必要とする。しかしながら私たちそれぞれの対象物に対する力を互いに承認することは戦いであり、そしてこの戦いにおいては、より多くの気力、体力あるいは老練さを備えている者が勝者である。私の腕力が十分であれば、私は直にあなたからまきあげる。もし腕力が使えないのであれば、私たちは互いに騙しあいを演じ、より老獪な者が他方から騙し取る。誰が誰から騙し取るのかは、この関係性全体にとっては偶然である。観念上や意図の上での騙しは、どちらの側でも生じている。すなわち、どちらも自分自身の判断では、相手から騙し取っているのである。」(Marx & Engels 1975, p. 226)〔「ミル評注」、380-381頁〕

ここでマルクスは、$A$ と $B$ との疎外された／疎外する相互行為を分析するために、承認をめぐる闘争というヘーゲルの有名なイメージを用いている。しかしその一方でマルクスは参加者の観点だけではなく、相互行為の全体的構造をも再構成している。この承認をめぐる闘争は対称的な関係であり、二人の主人公のどちらが勝利を収めるのか(あるいはこれもまた結果としてあり得るのだが、二人が等価交換できるのかどうか)、ということは、承認の機能にとっては問題にならな

い。マルクスによれば、構造的に特徴的な特性は社会的な相互行為の媒介性なのであり、それは交換される生産物という手段によって生じるのであり、さらにそれゆえに、その生産物の源泉としての、$A$と$B$それぞれの生産という行為によって生じるのである。

[5]「したがって交換はどちらの側からみても、双方が生産し占有する対象物によって必然的に媒介されている。私たちの生産のそれぞれの対象物に対する観念上の関係は、もちろん私たち相互の欲求である。しかし実際に生じ効力のある現実的な真の関係性は、自分たちの生産物の互いに排他的な占有でしかない。私の物へのあなたの欲求に、私にとって価値、値うちそして効力を与えるものは、私の対象物の等価物であるあなたの対象物でしかない。それゆえに私たちの互いの生産物は、私たち相互の欲求の手段であり、媒介であり、道具であり、承認された力である。したがってあなたの需要とあなたの占有の等価物とは、私にとっては同じ意味と効力を持った用語である。そしてあなたの需要は、それが私との関係のなかで意味と効力を持つときにはじめて効力を持ち、意味を持つのである。こうした道具を欠いた単なる人間としてのあなたの需要はあなたの側では満たされない望みであり、私にとっては存在しない観念でしかない。したがって、人間としてのあなたは私の対象物に対していかなる関係にもない。なぜなら私自身が私の対象物に人間的な関係性を持っていないからである。しかし手段とは対象物を支配する真の力なのであり、それゆえに、私たちは互いに自分たちの生産物を他方を支配し自分自身を支配する力と見なす。言い換えれば、私たちの生産物が私たちに対抗して立ち上がったのである。つまりそれは私たちの所有物であったように見えたが、実際には私たちは自分たちの生産物に所有されているのである。私たちの所有物がほかの人間を排除しているから、私たち自身も真の所有から排除されているのである。」(Marx & Engels 1975, p. 226)〔「ミル評注」、381頁〕

$A$と$B$の欲求がなければ交換もないだろう。それにもかかわらず、$B$の欲求は$P_1$を生産し譲渡するための$A$の動機ではなく、$B$の欲求は、自分自身の欲求を満たすために$P_1$を手に入れることだけを目的としている。$P_1$を欲求するが、何の生産物も提供しない$C$が、単にそれに対応する欲求を持っているという理由で$A$に

第3章　承認と類的存在　73

$P_1$を求めるとすれば、それはゲームのルールの破壊事例となるであろう。

　　［6］「私たちが互いに語りあい相互に理解できる唯一の言葉は、相互関係にお
　　ける私たちの対象物である。私たちは人間的な言葉など理解しないであろうし、
　　それは何の役にも立たないであろう。その言葉は一方からは嘆願や哀願とし
　　て、それゆえ屈̇辱̇として考えられ感じられ、結果的に恥ずかしげで、卑屈な気
　　持ちで口にされる。他方からは、そうした言葉は恥̇知̇ら̇ず̇あるいは狂̇気̇の̇沙̇汰̇
　　と見なされ、拒否されるであろう。私たちはそのようにすっかり人間の本質的
　　本性から疎外されているので、この本質的本性の直接的な言葉が私たちには人̇
　　間̇の̇尊̇厳̇を̇傷̇つ̇け̇る̇ものに見え、物質的価値という疎外された言葉は、自信に
　　満ちた自らに自覚的である人間の尊厳の正当化された主張と見えるのである。」
　　(Marx & Engels 1975, p. 227)〔「ミル評注」、381-382頁〕

　この一節でマルクスは、$A$と$C$が私的所有という文法によって自分たちを方向付
けるという条件下における$C$の要求の心理的帰結を分析する。この条件下では$C$は
面目を失わなければならず、平等で、独立した自由な売り手あるいは買い手として
振る舞うことができない。$C$自身の目から見て、$C$は自分が承認する規範を満たす
ことができない。$A$は$A$の生産に対する主要動機である彼〔$A$〕の私的利害を放棄す
るように求められているのだから、$A$は$C$の要求を規則違反ならびに不当要求とし
て体験することになる。実際マルクスが自らの倫理的構想を見越して述べているよ
うに、人間の尊厳はそれ自身のために承認されるという欲求にその本質があり、他
者の欲求は相互行為の直接で不可欠な動機である。私的所有と交換という領域では、
こうした尊厳はその反対のものに歪められ、まさしくそれは所有者あるいは市場参
加者の独立性だということになる。道徳的完成は、自らの欲求のために交換相手に
よって「樽をかぶせられないこと [pulled over the barrel]」にある。すなわち、そ
れは自らの欲求の奴隷にならないことにある。マルクスはこの最後の側面を、ヘー
ゲルの承認概念をはっきりと参照しながら強調している。

　　［7］「あなたの目から見れば、あなたの生産物は私の生産物をわがものにし、
　　あなたの欲求を満足させるための道̇具̇であり、手̇段̇である。しかし私の目から
　　見れば、あなたの生産物は私たちの交換の目̇的̇である。私にとっては、あなた

はむしろ私の目的であるこの対象物を生産するための手段であり道具であり、それはあなたが私の対象物に対して同じ関係を持っているのと同様である。しかしながら、1）私たちのどちらも、現実には、自分が相手によってそう見なされている仕方で振る舞っている。あなたは現実には私の対象物を手に入れるために、あなた自身をあなた自身の対象物の手段、道具および生産者にしてしまっている。2）あなた自身の対象物はあなたにとって、私の対象物の感覚的に知覚できる覆い、隠れた姿にすぎない。というのもあなたの対象物の生産は、私の対象物の獲得を意味しているのだからであり、それを表現しようとしているからである。したがって、あなたは自分自身を、あなたの欲望を虜にするあなたの対象物の手段、道具にしてしまっている。そしてあなたが労役を果たしたとしても、対象物はあなたの欲望に二度と恵みをかけてはくれないであろう。過程の初期には対象物に対する私たち相互の奴隷状態がいまや現実において主人と奴隷の関係性であるように見えるとしても、それは私たちの本質的な関係の粗野で赤裸々な表現であるにすぎない。

　私たちの相互の価値は、私たちにとって私たちの互いの対象物の価値なのである。したがって、私たちにとって人間そのものは互いに無価値なのである。」
(Marx & Engels 1975, p. 227)〔「ミル評注」、382頁〕

　この箇所は分析のある種の結論として三つの理由で洞察力に富んだものである。第一にマルクスの分析は、『現象学』における承認概念のヘーゲルによる分析とのはっきりとした対応関係を示している（1）。第二にここでは、ヘーゲルが主人と奴隷の弁証法として展開した承認論内部での布置関係の応用が見出される（2）。そして第三に、マルクスによる主人と奴隷の弁証法の翻案は、後々のこうした相関関係についての多くのマルクス主義者の解釈的再構成に比べて、マルクスがヘーゲルの分析に、ずっとより近かったことを示している（3）。

（1）『現象学』におけるヘーゲルの論証と類似して、ここでマルクスは参加する行為主体の観点と、これらの観点と参加者間の相互行為を分析する哲学者の観点とをもちいて論じている。
　第一のレベルでは、マルクスは $A$ が $P_1$ を、$P_2$ を手に入れるために $B$ の欲求を考慮に入れる際に用いる道具あるいは手段と見なしていることを詳しく説明する。そ

のさいには $P_2$ が $A$ にとって最終目的なのである。それに対し $B$ は、まさに $P_1$ のなかに（自分自身の欲求の満足とならんで）交換の目的を見出す。このなかで $B$ は、それ自体交換の目的である $A$ を、自分自身の目的を達成するための道具あるいは手段としてのみ用いている。$A$ と $B$ は $P_1$ と $P_2$ という生産物に対して、そして自分たち自身と自分たちの欲求とに対して反対の立場をとる。つまり、一方の欲求は他方にとっては単なる道具あるいは手段でしかないのである。

　第二の次元では、マルクスは $A$ と $B$ の両方が、他方の行為についての解釈に関しては正しいが、自分たちの自己解釈に関しては間違っていることを詳しく説明している。$B$ は、自己自身を目的と見なす $A$ を道具・手段とみなす。$A$ は、$P_1$ を単に交換のための道具ないし手段としてのみ生産するのだから、$P_1$ を生産する際に、$A$ は自分自身を道具ないし手段へと還元している。したがって、$P_1$ の生産は本来の目的の直接的実現ではない（関係の対称性により、同じことが $B$ にも当てはまる）。両者は相手を道具化しているという点では正しい。なぜならこのことは、他者の、その人自身の生産およびその人自身の活動への関係を適切に反映しているのだからである。

　（２）いまやマルクスは、この生産形態のなかで示される $A$ の自己関係についての彼の分析をいっそう深めていく。ここでマルクスは、ヘーゲルの『現象学』から主人と奴隷の弁証法を利用する。$A$ が自己自身の欲求を $P_1$ の奴隷としていることに注意することは重要である。つまり、主人と奴隷の関係性はこの時点では $A$ と $B$ との間主観的関係ではなく、$A$ と $B$ のなかに等しく現れる内主観的関係なのである。この主張が説得力を持つのは、ヘーゲルの自己意識分析において奴隷が生産するのは、奴隷が自分自身の欲求を満足させるためではなく、主人の欲求を満足させるために働く場合だからである。奴隷は自分の欲求について要求してはならず、生産物を自分自身の欲求を満足させるための目的としては捉えないであろう。マルクスの分析は、$A$ と $B$ が自分たちの生産の中でともに自分たちの欲求を放棄し、自己–道具化するという奴隷的態度をとることを示している。まさしく、こうした態度が適切に表現されるのは他者の観点においてである。それに対して――マルクスに言わせれば――主人と奴隷という主人公たちは、自分たちを体系的に誤解しているのである。このことによってマルクスの分析はヘーゲルの分析にかなり接近することになる。ヘーゲルの分析では、主人と奴隷は第一義的には自己意識の構造内部での自己関係性を表し、社会的役割を示すのは二次的にであるに過ぎない。これら

の自己関係性は、ヘーゲルとマルクスの対象化概念に従って、主人公たちが自覚的にこの構造を領有できるように対象化されなければならない。

（3）これは、マルクスが主人と奴隷の社会的関係性が、この自己関係性の最初の「粗野な」現われであると言うことができる理由である。端的に述べれば、再びヘーゲルに従って、そうした社会的関係性は、同時に道具・手段であり目的でもある二人の主人公の役割を社会的役割として、それぞれ $A$ と $B$ とに割り振るものと特徴付けられる。ここでマルクスはヘーゲルから離れることになるのだが、いまやマルクスが示したいと考えているのは、対称的な承認構造である法秩序における奴隷制の廃止は、矛盾する自己関係性の外見ないし現象の否定としてしか見なされず、こうした矛盾の解消とは見なされないということである。交換という法的枠組みにおいては、主人と奴隷の闘争をともなった役割は、$A$ と $B$ の自己関係性に埋め込まれているだけなのであって、止揚されてはいない。素朴な主人は、私的所有、賃労働および交換の法状態のなかで洗練されるのである。しかしそれは本質的に、これらの社会的制度の「深層」文法のなかに保存されているのである。

マルクスの分析の狙いは明らかである。すなわち、私的所有と法（あるいは道徳や国家など）の発達による、社会的不正義の見せかけの止揚は「イデオロギー的な」止揚にすぎないのであり、それは現実の自己矛盾の源泉や自己疎外にまでたどり着かない。それゆえ内面化は、倫理的に適切に自己距離化や、部分的自己道具化という意味での止揚とはなりえない。そうした止揚が安定化するには、倫理、道徳、法、政治的制度だけでなく、芸術、宗教あるいは哲学といった文化的な自己解釈の媒体も必要なのである（要するにこれがヘーゲルの答えである）。その代わりにマルクスは、$A$ と $B$ の直接的な活動の中に、そして $A$ と $B$ との直接的な相互行為の中に、自己疎外の止揚を求めなければならない。私たちが以下で見るように、それはまさにマルクスが疎外された状態のこの分析の後に展開した肯定的な対抗ユートピアの消尽点 [vanishing point] である。

### 3.3.3 価値評価的対案としての承認

本性の強調ならびに類的存在の本質主義をアリストテレス主義的なものとして理解するならば、『経哲草稿』には疑いなく倫理的論証として読むことのできる箇所が数多くある。この解釈は価値評価的である。というのも本質主義的な存在論の「あるべき [the should-be]」は、自分たちの本質を実現する当事者の観点における「行

為すべき[a should-act]」を含んでいるからである。しかしこうした存在論的に基礎付けられた倫理的命法は、そのような倫理が個人的自律の価値を十分に統合することができるのかどうかという基本的な問題を引き起こす。「ミル評注」終盤の有名な箇所を見てみよう。

[8]「私たちが人間として生産したと仮定しよう。その場合には、私たちはそれぞれ自分の生産において自己自身と相手とを二重に肯定していることだろう。私は(1)私の生産において私の個性とその独自性とを対象化しているだろう。したがって私は、活動している間は個人的な生命発現の喜びを享受し、またそれと同時に、対象物を眺めては、私の人格性を対象的な力、感性的に直観し得る、またそれゆえに疑問の余地のない力として知るという個人的な喜びを享受したことになるだろう。(2)私の生産物をあなたが享受したり使用したりするのを見て、私は直接に次のことを意識する喜びを享受することになるだろう。すなわち、私は労働することによって人間的な欲求を充足するとともに、人間的な本質を対象化し、したがってほかの人間的な存在の欲求に、それにふさわしい対象物を供給したと意識する喜びである。(3)あなたにとって、私はあなたと類との媒介者となっており、したがって私があなた自身の本質の補完物であり、あなた自身の不可欠の一部分であることがあなた自身によって知られ、かつ感じられており、結果として私はあなたの思考と愛とにおいて私自身を確証するすべを知っていることであろう。(4)私の個人的な生命発現の中で私は直接的にあなたの生命発現を作り出し、したがって私の個人的な活動の中で、私は直接的に私の真なる本性、私の人間的な本性ならびに私の共同的存在を確証し、実現したであろう。

　私たちの生産物は、数多くの鏡なのであり、そうした鏡の中で私たちは自分たちの本質的な本性が映し出されることを見るのである。

　さらにこの関係性は相互的であり、私の側から生じることは、あなたの側からも生じるのである。」(Marx & Engels 1975, pp. 227-228)〔「ミル評注」、382-383頁〕

[9]「以下、上に想定した場合に現れる様々な契機を考察しよう。私の労働は生命の自由な発現となり、したがって生命の享受となるであろう。私的所有を

前提すれば、私の労働は生命の外化である。なぜなら、私は生きるために、生活の手段を調達するために労働するのだからである。この場合、私の労働は生[life]ではない。

　第二に、それゆえ私の個性という独自性は私の労働の中で肯定されることになるであろう。というのも、労働が私の個人的な生命の肯定となるだろうからである。したがって労働は、真の活動的な所有となるであろう。私的所有の前提のもとでは、私の個性はとことんまで外化され、その結果、この活動は私にとって忌むべきもの、苦悩となる。それは活動というよりもむしろ単なる活動の仮象、したがってまた、強制された活動にすぎない。それも内的で必然的な必要によらずに、ひたすら外的で偶然的な必要によって私に課せられるのである。

　私の労働は、現にそれがあるままの姿でしか、私の対象物のなかに現象することができない。それはその本質にもとるような姿で現象することはできない。だから私の労働は、私の自己喪失と私の無力との対象的な、感性的で、直観され得る、したがってまったく疑問の余地のない表現として現象するほかはないのである。」(Marx & Engels 1975, p. 228)〔「ミル評注」、383-384頁〕

　マルクスの説明は二つの前提に基づいている。それは第一に私たちが「人間として」生産したと考え、第二に対称的な関係が存在すると考えているということである。すなわち、「私の側で生じることは、あなたの側でも生じる」(ibid. p. 228)〔「ミル評注」、383頁〕。

　マルクスはもう一度この承認関係をまずは参加者の観点から描いており、そこではマルクスは——前提された（！）対称性のために——彼が一人称単数のなかで定式化する一方の観点に絞ることができる。二番目の部分では、マルクスは哲学者の観点をとる。それは、即かつ対自的に存在するような承認関係を、私たちに代わって分析するのである。

　最初にマルクスは、疎外されていない生産においては、「私たちはそれぞれ自分自身と相手とを二重に肯定していることだろう」と述べる。このことによって——少なくとも一見したところ——引用にあるリストによって列挙される四つの観点が明らかにされる。しかしながら、そのことによりいくつかの問いも生じる。したがって例えば、「二重」が個と類の区別に言及しているのか、あるいは過程と結果、すなわち生産することと生産物との違いに言及しているのか、あるいは両方に言及して

いるのか不明確である。引用［8］の構造を明らかにすることによって、テクストに光を当てて見よう。

（1）<u>生産</u>において A の個性あるいは A の独自性が対象化される。<u>したがって</u> (a) A は<u>活動</u>している間は自らの個人的な生命発現を享受し、(b) <u>生産物</u>の中で自らの人格性を対象的な、感性的に直観し得る、またそれゆえに疑問の余地のない力として知るのである。

A はこの生産（活動と生産物）のなかで、人間個人としての自分自身の種別的性格を実現する。

（2） B が A の生産物を享受ないし利用する際には、A は<u>直接</u>に以下のことを享受する。〔ひとつは、〕A が人間 (B) の欲求を自分 (A) の労働によって満たしたのだということ、<u>すなわち</u>人間の本質的な本性を対象化したのだということを意識していること、<u>したがって</u>〔もうひとつは〕ほかの人間 (B) の本質的な本性の欲求に対応する対象を創造したのだということを意識していること、このふたつを享受するのである。

A は人間本性を対象化することによって、みずからの類的存在を実現する。
{同様に A は以下のことを意識する〔ことを享受する〕}[(14)]

　つまり、

（3）〔第一に〕B と類との媒介者であるということ、<u>したがって</u>〔第二に〕〔A は〕B 自身の本質の補完物であり、B の不可欠な一部であることを B によって承認され感じられるようになる、〔第三に〕<u>結果として</u> A は、B の思惟においてもそして愛においても自分自身が確証されていることを知っているのである。

　A は、B が B の類的存在を実現するのを助け、A は B によってこの媒介者とし

---

(14) 以下の叙述では、マルクスの文章の論証構造を明らかにするために { } を導入した。さらに、下線部は著者自身による強調であり、イタリック〔傍点部〕はマルクスのオリジナルである。

て知られ承認されている。そして A は、B が自分をそのように承認していることを知っている。このことが意味するのは、A は自分自身の類的本性を対象化し、それを B による承認の中で A の意識の対象とするということである。

{同様に A は次のことを意識する〔ことを享受する〕}

（4）A は自分の個人的な生命発現の中で直接的に彼（= B）の、B による生命発現を作り出し、したがって自らの個人的な活動の中で A が、自分の真の本性、自分の人間的本性ならびに自分の共同的存在を直接的に確証し、実現したこと。

　A は B が自分の（= B の）個人性（B の個人的享受）を実現することを助け、その結果、A はこの活動の中で B の個人的存在と類的存在を実現する。
　これは B が実際に A の生産物を享受し、同時に A が想定する承認を B が実行するという条件において妥当する。こうした相互行為の対称的相互性という追加的前提をおくことで、B もまた自らの真の人間本性の実現に成功する。それによって A と B は、ヘーゲルが『現象学』の中で自己意識の十全な実現として展開した承認構造を満たすのである。すなわち、「彼らは互いに承認しあっているものとして承認しあっている」。(15)
　その後に（[ 9 ]において）マルクスは、哲学的観点からの承認構造の分析を予告している。すなわち、「上に想定した場合に現れる様々な契機を考察しよう」。そうすることでマルクスは先に分析していたように、私的所有と市場という状況下での交換行為の疎外された構造と、疎外されていない構造を対比する。彼は、「生命の自由な発現」と「生命の外化」、「真の活動的な所有」と「私的所有」、および「外的で偶然的な必要」と「内的で必然的な」必要を対置している。これらの対置は、それらの肯定的なものの方については、漠然としたままであり、論拠が不十分なままである。マルクスの理論のこの発展段階においては、彼は承認の構造の「諸契機」を哲学的に正確につかむことはできず、それらに内容を与えることができていない。最後に言及されるべきは、マルクスが「本質 Wesen」「現象 Erscheinung」「仮象 Schein」というヘーゲルのカテゴリーを用いて議論しており、そのためマルクスの本質主義は特にヘーゲル的な形態をとっているということである。

---

(15) Hegel (1977) § 184〔『精神現象学』上、222頁〕を見ること。

「私の労働は、現にそれがあるままの姿でしか、私の対象物の中に現象することができない。それはその本質にもとるような姿で現象することはできない。」(Marx & Engels 1975, p.228)〔「ミル評注」、384頁〕

と述べることで、マルクスは行為の対象化モデルに言及しているだけでなく、(歴史的)発展の経過における変化を排除しない意味で「本質」という用語を用いている。ここでの主題はある一時点で明らかになるような、労働の疎外された形態における労働の本質であって、これらの様々な歴史の背後で歴史的であるふりをしている労働の不変的本質ではない。目的論的発展と本質主義のこうした結び付きは、ほかの本質主義的構想からマルクスの本質主義的構想を区別する。しかしマルクスが提示する肯定的対案は、否定的ユートピアのままであり、そこではあらゆる社会的相互行為が、二人の個人間の直接的で完全な非道具的関係というモデルで概念化されているのである (Magnis 1975を参照)。

## 3.4　結論：マルクスにおけるユートピアと反ユートピア

　私たちが分析した『草稿』ならびに「ミル評注」の箇所は、孤立した個人はその類的存在を実現できないという存在論的主張を含んでいる。このことのために、その個人はむしろ、類的存在の実現は、その類に属する少なくとももう一人の個人による構成的寄与に依存している。この存在論的統一は、疎外されざる共同生産という社会的文法の内部でのみ実現される。つまりAは、Bが自分自身の本性の不可欠な一部であることを知っているし、そう感じている〔ことが必要な〕のである。こうしたことが実現されるためには、単なる因果的結び付き以上のものが求められる。むしろ社会的協働は、自己と他者の相互行為というレベルでの参加者の正しい態度と結び付いていなければならないのである。こうした態度は、人間であるところの欲求を持つ存在として他者を承認することの中にあり、また同様にこうした態度は、他者がその行為を通じてその人の類的存在を実現させるこ

---

(16) 原文でマルクスがヘーゲルの「本質 Wesen」というカテゴリーを用いているため、翻訳を〔nature から essence に〕変更している。

(17) それは社会的文法であり、規則や規範や価値を規範構成的要素として含むものである。このことは、マルクスの承認哲学の核心に、「観念論的」要素が見出されるということを意味する。

とができる、という事実の承認を表現するものとしての愛のなかにある。AとB の生産行為と消費行為はどちらも、類的存在を適切に実現するための不可欠な構成要素であり、それをマルクスは手段と目的の逆転の欠如として、(私的所有、市場あるいは賃労働による)間接的媒介の排除として否定的にのみ規定するのである。

〔個人は〕生産のなかで自らを実現する対象的な類的存在の諸契機として、相互依存という存在論的次元にはめ込まれているので、この存在論的次元についての十分な個人的観点と、他者の欲求に対する適切な姿勢とが求められる。この前提は潜在的な倫理的規範として解釈され得る。それと同時に、類的存在としての諸個人の間の存在論的な相互の結合に基づけられている主張に、権利に基づく規範的正当化を与えるために、対称性という条件を引き合いに出すことができる[18]。こうした解釈においては、マルクスの類形而上学はある倫理的理論を含んでおり、その理論は、求められている承認の構造が、場合によっては共存の十分な社会的組織化という観点においては、ひとつの付帯現象であると判明するかもしれないという考えによって脅かされるものではない。たとえ倫理的意識が適切な社会組織化に依存しているかもしれないとしても、それでも適切な倫理的意識は依然として類的存在の十全な実現に必要な構成要素であり続ける。したがってマルクスの観点からすると、人間の本質の実現には社会的文法が必要なのである。

---

(18) マルクスの正義論に関してはこれまでに多くの議論があったが、それは主に搾取と分配についてのマルクスの理論に関わるものであった。Buchanan (1982), Sweet (2002), Peffer (1990) および Cohen 編 (1981) の第一部所収の諸論考、そして Nielsen & Patten 編 (1981) の諸論考も参照のこと。本章における私の診断が正しければ、マルクスの正義論の源泉は、彼の承認理解にある。この主張を正当化するには、『資本論』におけるマルクスの価値論が彼の承認理解を前提にしていることを示さなければならないが、これは別稿に譲らざるを得ない。

# 第4章
# 歴史の構想

『ドイツ・イデオロギー』の論証行程は、『ドイツ・イデオロギー』を、ブルーノ・バウアー、ルートヴィヒ・フォイエルバッハ、モーゼス・ヘスおよびマックス・シュティルナーの間で行われた当時の論争に対して、エンゲルスとマルクスが寄与しようとするものとして理解するときにのみ、明らかになる。このことは、この著作において展開される歴史概念、および歴史哲学の新構想にも当てはまる。本章で分析される箇所（MEW,3 S.28-36）（『ドイツ・イデオロギー』、23～32頁）の哲学的内容を規定しうるためには、二つの回顧（フラッシュバック）からはじめることが助けとなる（4.1）。それに引き続いて、『ドイツ・イデオロギー』において描かれているような歴史構想の基本構造が説明される（4.2）。終わりに、エンゲルスとマルクスが直面していると考えていた体系的諸問題の哲学的に満足した解決をこれらの諸構想が描き出しているかどうかについて、手短に論じる（4.3）。

## 4.1 二つの回顧（フラッシュバック）

第一の回顧（フラッシュバック）は、マルクスによって執筆された1844年の疎外の構想に関係しており、第二の回顧（フラッシュバック）は、同じ年にマックス・シュティルナーによって出版された著作『唯一者とその所有』に関係している。

（1）疎外理論の未定性［das offene Ende］。『経済学・哲学草稿』においてマルクスは、「この外的な、みたところ偶然的な諸事情が、どの程度まで必然的発展の表現にほかならないか」（ÖPM 510）〔『経哲草稿』430頁〕を説明していないと、ブルジョア国民経済学を非難する。〔したがって〕ここで展開されている彼の疎外理論はこのことを果たす必要がある。しかしながら、未完成のままであった『経哲草稿』の第一草稿を中断する箇所において、マルクスは次のような問いを立てる。

「そこでわれわれは問おうとする。どのようにして人間は、自らの労働を外

化し、疎外するようになるのか、と。どのようにしてこの疎外は人間的発展の本質のうちに基礎づけられるのかと。」(ÖPM 521)〔『経哲草稿』、442頁〕

　マルクスの問いの第一の定式化を、なお歴史的・発生的な説明意図として理解することができるとすれば、第二の定式化によって、マルクスがより基礎的な解答を探しており、人間の本質からの必然的な発展の歩みとして疎外を導出するということが明確にされる。生産活動——そこには対象化された類的諸特性の意識された領有としての意識的活動も属してもいる——において、人間の本質を実現する対象的類的存在[訳注1]としてマルクスは人間を規定している (vgl. Quante 2009)。類的存在として人間は、一方の面では、自らの本質を思考という普遍的な媒介の中で認識することができるが、しかしながら、他方の面では、ただ類という全体の中だけでしか、この本質を実現することはできないのであり、個別の個体として実現することはできないのである。このように、固有の類的本質を社会的に媒介された形で実現し、意識的に領有するための前提条件は——この点で、マルクスの構成はフィヒテとヘーゲルの観念論的自己意識論に依拠しているのであるが——人間が自らの本質の諸特性を疎外過程において外化することにある。そうすることによってのみ、人間はそれを認識対象および意識的な領有という目標にすることができるのである。自己認識もまた対象認識という普遍的図式を免れないという仮定を置きながら、疎外の必然性が自己実現の過程および自己認識の過程の契機として哲学的に説明されるのである。それに反して事実として確かめられうる疎外の歴史的起源への問いに対する、このような意識論的な基礎づけを超えた、経験的に基礎づけられた解答は、『経哲草稿』においては見出されない。

　（２）シュティルナーの批判。『唯一者とその所有』によって、シュティルナーは1844年の終わりに当時の哲学的論争に介入する (vgl. Quante 2010)。ラディカルな唯名論や個人主義に基づいて、シュティルナーは、哲学的人間学や哲学的倫理学、歴史哲学を用いて人間の解放や政治的状況の批判を行うあらゆる試みを批判するのである。人間学的本質主義や目的論的歴史構想に対するシュティルナーのラディカルな攻撃はまた、マルクスがまさに当時構想していながら、公にしなかった類的本質という形而上学の核心にもあてはまる。シュティルナーの論証の基本的図式は二

---

［訳注１］Gattungswesen については、文脈に応じて「類的本質」、「類的存在」という訳語を使い分けている。

つの要素から成り立っている。一方は、彼が哲学的人間学の本質主義的想定を、自立的諸個人を疎遠な仕方で哲学的に規定するための許容できない道具として批判するということである。他方は、彼が歴史的過程の目的論的諸解釈を、同様に家父長制的後見にも行きつかざるを得ない観念論的構築物として退けるということである。シュティルナーが、例えばフォイエルバッハやヘスにおいて見出すような、これらの哲学的モデルはすべて、彼によって神学の最後の形態であることが示される。というのも、彼ら〔フォイエルバッハやヘス〕においては、絶対的拘束力をともなう諸価値や諸規範が前提とされており、それを用いることで個人的自立性を否定したり、諸個人の自由を制限したりすることができるからである。

## 4.2 『ドイツ・イデオロギー』における歴史概念および歴史哲学

　論争に寄与しようとするこの論文において中心に位置している節は、二つの歩み[訳注2]として分析されるべきである。最初に、エンゲルスとマルクスによって展開された歴史構想の基礎構造が展開され（4.2.1）、引き続いて、両者によって用いられた歴史概念が解明される（4.2.2）。

### 4.2.1 『ドイツ・イデオロギー』の歴史哲学
　編集者たちによって「1．歴史」という表題がつけられた節には、エンゲルスとマルクスの歴史構想の中心的諸要素が見出される。人間の意識が歴史理論に対する関係変数として導入されている本文の箇所において、彼らは次のようなことを強調している。意識はようやく第五の要因として挿入されるべきであると。（これは、彼ら自身の構想の規定と対比して際立たせるためのものとして、両者によって一貫して引き合いに出される観念論的歴史哲学と一線を画する試みである）。

> 「すでに最初の歴史的諸関係の四つの諸契機、四つの側面を考察し終わった今にして、はじめて、われわれは人間が「意識」をも持っていることを見出す。」(MEW, 3 S.30.)〔『ドイツ・イデオロギー』、26頁〕

---

[訳注2] クヴァンテも指摘しているように MEW 版で分けられている節は編集者によるものであり、オリジナルの草稿にはこのような節は存在しない。

エンゲルスとマルクスが、彼らの論証のこの箇所に至るまでに導入した四つの契機とは何か。最初の三つは明確に確定できる。それらはそれぞれ本文の段落に割り当てられている。[訳注3]

　A「したがって最初の歴史的行いはこの欲求の充足のための手段の産出、すなわち物質的生活そのものの生産であり、しかもこれは今日もなお数千年前と同様に、人間を生かしておくだけのために、日々刻々、絶えず果たされなければならない歴史的行いであり、しかもこれは、あらゆる歴史の基礎的条件である。」(MEW, 3 S.28.)〔『ドイツ・イデオロギー』、23～24頁〕。

　B「二つ目は、充足された第一の欲求そのもの、すなわち充足の行動およびすでに獲得された充足のための用具が新しい欲求をもたらすということであり――そして新しい欲求のこの産出は最初の歴史的行いである。」(ibid.)〔『ドイツ・イデオロギー』、24頁〕。

　C「ここで、そもそものはじめから歴史的発展へ入り込んでくる第三の関係は、自分自身の生活を日々新しくつくるところの人間たちが他の人間たちをつくり、繁殖しはじめるということである。――夫と妻の間の関係、両親と子供の間の関係、すなわち家族である。」(MEW, 3 S.29.)〔『ドイツ・イデオロギー』、24頁〕。

次の段落では確かに第四の契機の明確な証拠は見当たらないが、しかし探し求められた第四の契機として有意義な仕方で把握されうる言明はひとつしかない。

　D「ここから明らかになるのは、ある特定の生産様式または特定の工業的段階が、常に、或る特定の協働様式または社会的段階に結びついているということであり、そしてこの協働様式はそれ自体一つの「生産力」である。」(MEW, 3 S.30.)〔『ドイツ・イデオロギー』、25頁〕。

---

[訳注3]　MEW版では第一の関係から第三の関係までは段落ごとに分けられているが、オリジナルの草稿に基いて作成された *Marx Engels Gesamtausgabe* 第一部門第五巻（以下、MEGA版）においては、すべて一つの段落に属している。

前の三つの契機とは異なり、この第四の契機は、きわめて複雑な構造を示しており、私たちはこの構造をこれから解明することとしよう。第三の側面を解説する文脈において、ヘーゲルの哲学的用語法〔ヘーゲル『エンチュクロペディ』「論理学」「予備概念」における「論理的なものの三側面」〕を当てこすりながら、側面［Seite］という用語の意味が明らかにされる。

　　「それにしても、社会的活動のこの三側面［Seiten］は別々の段階として考えられるべきではなく、歴史のそもそもの始まりから、そして最初の人間たち以来、同時に存在し、今日もなお歴史の中でその力が効果を有しているまさに三側面［Seiten］としてのみ、あるいはドイツ人に分かりやすく書くならば、三つの「諸契機［Momente］」としてのみ解されねばならない。」(MEW, 3 S.29.)〔『ドイツ・イデオロギー』、25頁〕

　歴史理論は常に協働する人間や社会的相互行為から出発しなければならず、それゆえ契約諸理論というロビンソン・クルーソー風の物語を見つける必要はないということをエンゲルスとマルクスは、「社会的関係」と「社会的活動」(ibid.)〔『ドイツ・イデオロギー』、25頁〕に言及しながら重視している。重要なのは、少なくとも、これまでの歴史的発展の定数として同定され得るこのような三つの契機を誤って理解しないことである。すなわち、この三側面は偶然的であり、それゆえ、もしかすると除去され得るものであるということは排除されてはいないし（必ずしもそれは人間の非歴史的な基本構成に関わるものではない）、それによってこの三つの契機が歴史の進展の中で全く異なった形態で現れることは不可能であると言われているわけでもない、ということである。この構想において歴史として把握されるのはむしろ、いまや四つの契機の変化である（後述の2.2を見よ）。このことは、例えば第二の契機によって証明できる。つまり、そこで問題となっているのは、欲求Xが充足されたあとで、同じこの欲求Xが再び生じるということではない（のどの渇きと空腹であれば再び生じるとはいえ）。「新しい」欲求として考えられているのは、別の欲求、例えばより基礎的な欲求が充足されている際に、人間がそれに対してようやく感受性をもち、それを抱くことができるようになる欲求である。

　私たちは今や、第四の契機——それを同定することが、エンゲルスとマルクスによって、最初の三つの契機の同定よりも困難なものとされていたのだが——をより

詳しく見なければならない。そのためには、小さな回り道をし、第二のリストが提示された本文の箇所を詳しく見る必要がある。

> 「それにしても、意識が独力で何をしでかそうとそんなものは全くどうでもよい。われわれがそういったがらくたの一切合切から手に入れる唯一の結論は、これら<u>三つの契機</u>、すなわち生産力、社会的状態および意識は相互に矛盾に陥りうるし、また陥らざるをえないということである。なぜなら分業とともに、精神的活動と物質的活動が、享受と労働が、生産と消費とが、異なる諸個人に割り当てられるという可能性が、それどころが現実性が与えられているからであり、それらが矛盾に陥らない可能性は、ただ分業が再び廃止されるということにのみ存在するからである。」(MEW, 3 S.32：下線による強調はクヴァンテによるもの)〔『ドイツ・イデオロギー』、28頁〕

この言明は困惑させるものである。というのも、ここにおいては

E　生産力
F　社会的状態
G　意識

という、以前にあげられた (AからDまでの) 四つの諸契機とは一致しない三つの諸契機について述べられているからである。それゆえ私たちは、この箇所を上記の四つの諸契機と整合したものとして結び付けるような本文の解釈を必要としている。そのために、四つの諸契機の特徴づけとして確認した定式化をより詳しく見てみよう。

> D「ここから明らかになるのは、ある特定の生産様式または特定の工業的段階が常に或る特定の協働様式または社会的段階に結びついているということであり、そしてこの協働様式はそれ自体一つの「生産力」である。」(MEW, 3 S.30.)〔『ドイツ・イデオロギー』、25頁〕

この特徴づけDを理解しなければ、いかにDがA、B、Cに関係し、いかに両リストが互いに一致しているのか、ということを問うことはできない。「協働様式」と

して語っていることは、生産力として理解されるが、或るXが異なった諸様式で現れうるのだということを表現している。このことは、最初のリストの四つの諸契機は確かに、これまでのあらゆる歴史の諸契機であるが、形態〔形式〕と様式においては異なりうるという私たちの観察と一致している。これによって、問題となっている協働Zの特殊な様式Wが、それが生じるところの特定の社会的状態の生産力であるということを確認することができる（これを「W (Z)」と表記することにしよう）。

Dにおいては、二つの要素F1とF2の「協働」が扱われている。この二つの要素は、それぞれ二つの特徴づけによって性格づけられる。すなわち特定の生産様式あるいは特定の産業段階(F1)と特定の協働様式あるいは特定の社会段階(F2)である。私たちは、それゆえDの基礎構造として「W (Z) (F1, F2)」を手にする。

F2の特徴づけにおいて、また別の協働が言及される。それゆえ、F1とF2をA、B、Cと連関させることを可能とするには、Dの構造をさらに詳しく規定しなければならないし、F2において何が協働するのかということを確定させなければならない。

Dの特徴づけの文脈で、エンゲルスとマルクスはすぐに、彼らの理論において、「〈社会的〉〔…〕として理解されるのは、どのような条件のもとであれ、どのような仕方においてであれ、どのような目的のためであれ、複数の諸個人の協働である」(MEW, 3 S.30)〔『ドイツ・イデオロギー』、25頁〕と説明している。このことによって、F2を人間的諸個人の協働として分類することができるのであり、そこで、「協働」の最初の登場との類比で、「協働の様式」という言い方を「$W^*(Z^*)$」として分析〔記号化〕する。

F1の特徴づけも変更要素〔変数〕を含む。というのも、産業発展の「段階」とそれに対応した「特定の」生産様式の「段階」について述べられるからである。「歴史的段階」[historische Stufe]を「HS」と略記し、「生産様式」という専門用語を分析〔記号化〕しないままにするならば、結果は次のようになる。

$F1 = HS$ （生産様式）
$F2 = W^*(Z^*)$ （複数の人間的諸個人）

さらに、これまで「W (Z) (F1, F2)」として規定されたDの基礎構造への代入を通じて次のような構造が得られる。

$D = W(Z)(HS$（生産様式）, $W^*(Z^*)$（多数の諸個人）)

どの社会もその発展の所与の歴史的時点で、その社会のなかに A、B、C という最初の三つの基本契機が、或る特殊歴史的な発展形態の中にあることによって、特徴づけられる。生産の領域として理解される市民社会は、生産様式の発展のある特定の段階によって性格づけられる (= F1)。同時にどの時点のどの歴史的社会も、法的、道徳的、政治的、あるいは宗教的諸制度、すなわちイデオロギー的な諸制度におけるある特殊社会的な自己解釈および自己組織 [Selbstorganisation] によって特徴付けられるのである (=F2)。

本文において D は二つの側面の区別を通じて導入されるため、この箇所において解釈のすき間が生じている。エンゲルスとマルクスは A、B、C に関して次のようなことを書いている。

「さて、労働における自己の生命の生産にしても、生殖における他人の生命の生産にしても、およそ生命の生産なるものは、とりもなおさず、ある二重の関係として、すなわち一方では自然的関係として、他方では社会的関係として現れる。」(MEW, 3 S.29)〔『ドイツ・イデオロギー』、25頁〕

私たちは A、B、C が人間の歴史的、社会的生命の諸契機として把握されるということを知っている。分業がこれまで導入されていないという追加条件の下では、労働を通じた諸個人の自己保存は、社会的関係であるのと全く同様に類の再生産でもある。それゆえ、エンゲルスとマルクスはここにおいて A、B、C を引き合いに出すのであり、この三つの諸契機の相互作用について述べるのである。というのも、ある社会的関係 [Beziehung]、「状況 [Verhältnis]」が問題となっているからである。それは「二重」である。というのも、この組み合わせの全体は常に二つの側面を、すなわち自然性の側面と社会性の側面を同時に示しているからである。「自然的」と「社会的」の区別は、たとえ両者がおそらく事柄として関連があるとしても、特定の生産様式 (あるいは産業段階) としての F1 と特定の協働様式 (あるいは社会的段階) としての F2 との区別に一致するわけではない (vgl. Cohen 1980)。

ここにおいてぱっくりと開いている解釈のすき間を塞ぐために、この基礎構造に第二のリストの E、F、G という諸契機をつけ加えなければならない。D の構造を説明しようとする際に私たちが突き当たっている F1, F2 という協働の両要因に、E、F が一致しているということは奇妙に感られる。新しくそれに加えて、第三の契機

第4章　歴史の構想　　91

として、意識が登場する。それは、エンゲルスとマルクスが第四の契機の導入直後、第二のリストの提示前に、彼らの歴史構想の第五の要素として主題化しているものである。Dを導入した段落と三つの諸契機E、F、Gを導入した段落の間に位置している二つの段落のうち二つ目の段落において、「分業」という原理が、第二のリストの文脈において、決定的な境界条件［Randbedingung］と呼ばれている。

> 「それにしても、意識が独力で何をしでかそうとそんなものは全くどうでもよい。われわれがそういったがらくたの一切合切から手に入れる唯一の結論は、これら三つの契機、すなわち生産力、社会的状態および意識は相互に矛盾に陥りうるし、また陥らざるをえないということである。なぜなら分業とともに、精神的活動と物質的活動が、享受と労働が、生産と消費とが、異なる諸個人に割り当てられるという可能性が、それどころか現実性が与えられているからであり、それらが矛盾に陥らない可能性は、ただ分業が再び廃止されるということにのみ存在するからである。」(MEW, 3 S.32：強調はクヴァンテによるもの)〔『ドイツ・イデオロギー』、28頁〕

そこで、意識や分業についての詳述が、DのA、B、Cに対する、そしてDの第二のリストに対する関係を私たちが説明するのに役立つかどうかを見ることとしよう。
　(1) 人間の意識が最初の要因でも、第一次的な要因でも、他の諸要因から独立した要因でもないという点で、『ドイツ・イデオロギー』の歴史構想が観念論的歴史哲学とは区別されるときでさえも、人間の意識は、史的唯物論の歴史モデルにおいても変数であり、第二のリストの第三の契機として現れる。人間の意識が、いかなる自立的な関係変数でもないということは、人間の意識が、物質的な、人間の肉体的性質や人間の環境によって特徴を与えられた現象であり、また社会的に媒介された現象でもあることによって裏づけられる。

> 「したがって意識は、そもそものはじめからすでに社会的産物であり、およそ人間たちが存在する限り社会的産物であることをやめない。」(MEW, 3 S.30f.)〔『ドイツ・イデオロギー』、26頁〕

最初に人間の意識は「最も身近の感性的環境」を通じて特徴を与えられ、

「意識的になりつつある個人の外に存在するところの他の人間や諸物との狭い関連の意識〔である〕。同時にそれは、はじめは人間たちに全く疎遠で、全能で、不可侵な力——それに対して人間は純粋に動物的な態度をとり、それによって人間は家畜のように威圧される——そういう力として立ち向かってくるところの自然についての意識である。」(MEW, 3 S.31)〔『ドイツ・イデオロギー』、26頁〕

このようなまだ全く動物的な意識は、人間において、「人間の意識が人間の本能にとってかわっているという、または人間の本能が意識的な本能であるという」(ibid.〔『ドイツ・イデオロギー』27頁〕) 特殊な徴標を示す。

どうしてこの意識がマルクスの歴史構想において、歴史的変化の原動力の三つの契機のうちの一つとなりうるのか、ということを理解できるようにするために、「分業」(MEW, 3 S.31)〔『ドイツ・イデオロギー』、27頁〕が理論の要素として引き入れられなければならない。

（2）市民社会の分業的構造は、エンゲルスとマルクスにとって、彼らの時代の一事実であるだけではなく、私的所有と関連して、人間の疎外を説明する最も重要な要因のうちの一つでもある。このように見るならば、分業的構造は E、F という諸契機の中に事実上すでに含まれている。意識のさらなる発展に対するこれらの事実の重要性は、以下のことのうちに基礎づけられている。すなわち

「去勢羊の意識または部族意識が、…生産性の向上、諸欲求の増大、および両者の基礎にある人口の増加を通じたさらなる発展と形成」(ibid.)〔『ドイツ・イデオロギー』、27頁〕

を経験することのうちにである。類の再生産におけるさしあたりは生物学的な分業、それと並行して現れる諸職務の分配、類の個々の個体 [Exemplare] の偶然的な区別は、分化 [Ausdifferenzierung] の過程を始動させる。

「それとともに、もともとは性行為における分業でしかなかった分業が発展して、それから自然的素質（例えば体力）、諸欲求、偶然などによってひとりでに、あるいは「自然発生的に」生じる分業となる。」(MEW, 3 S.31)〔『ドイツ・イデオロギー』、27頁〕

第4章　歴史の構想　93

　エンゲルスとマルクスは「物質的労働および精神的労働」の分離に、歴史的過程における質的相違を位置づけている。というのも、そのような分離において「分業は、初めて現実的に［wirklich］分業」となるからである (ibid.)〔『ドイツ・イデオロギー』、27頁〕。つまり、いまや誤ったやり方で意識が自立的であると見なされ得るし、歴史的変化の第三の因果的要因になり得る（それゆえ、分業もまたこの点において現実的となる）。この歴史的分化過程が果たされると、そのように自らを自立化させている意識が、歴史的変化の説明のために第三の変数として、歴史構想によって、ともに考慮に入れられなければならない。唯物論は意識の自立［Autarkie］という観念論的想定を受け入れることができない。むしろ、このようなイデオロギーが現れることが、唯物論的歴史構想の枠組みの中で説明されなければならない。

　「この理論、神学、哲学、道徳等々が現存の諸関係と矛盾に陥るとしても、それは、ただ現存の社会関係が現存の生産力と矛盾に陥ったことによってのみ起こり得る。」(ibid.)〔『ドイツ・イデオロギー』、27頁〕

　史的唯物論に従えば、意識が完全に社会の歴史的状態から独立することはできない。しかし、だからといって、意識は単なる付帯現象でなければならないというわけでもない。エンゲルスとマルクスもまた、このような考えではなかった。というのも、そうでなければ、意識を第三の契機として第二のリスト上に置くいかなる理由もなかったであろうからである。歴史の流れの中で意識がいかなる因果的役割を占めることができるのかは、生産力（＝E）と社会的状況（＝F）の特殊な組み合わせに拠るのである。このことは、EとFの特殊な組み合わせが意識の役割を決定するということを意味するわけではないものの、なるほどしかし、意識の因果的役割や作用の仕方は両者によって影響されるということを意味するのである (vgl. Wood 1981)。

　自然発生的に打ち立てられ、人間の生物学的構造から発生的に説明することができる分業によって、なぜ意識が、自らを自立的変数と見なす可能性をもつのか、ということが理解できるようになる。さらに、このようなイデオロギー的想定の特殊な度合いと、歴史的変化の枠組みにおけるこのような基礎の上で意識がとりうる特殊な因果的役割とは、EとFという別の両契機の特殊な組み合わせに依存している。

　そのことによって、両方の徴標リストの関係と、Dと第二のリストの連関を妥当な形で再構成することができる。要約して繰り返すと、Dは特定の生産様式と特定

の社会的協働の協同作用の特殊な様式である (「生産様式」と「生産力」という専門用語を不正確に用いることを大目に見るならば、F1 と F2 は、E と F と一致する)。D は、今明らかになったのだが、そのつどの特殊な形態における意識にほかならない。その形態とは、別の両契機の歴史的状態に制約されているが、しかしそこでそれ自体、特殊な因果的変数を示しているのである。(このことは、エンゲルスとマルクスが F1 と F2 の特殊な組み合わせを独自な生産力として示している D の特徴づけによって裏づけられている)。

そのことによって、私たちは両方のリストを妥当な仕方で互いに関連づけただけではなく、次のような基本構造の解釈を仕上げるに至ったのである。すなわち、この基本構造は、意識に因果的役割を認め、分業を (第一のリストの) 最初の三つの契機で規定し、そのことによって同時に、疎外の起源を偶然的で経験的な事実の中に位置づけるのである。

### 4.2.2 『ドイツ・イデオロギー』における歴史概念

さて、基本構造の解明が済んだので、私たちはエンゲルスとマルクスの構想全体を理解するために彼らの歴史概念を解釈しなければならない。どのような種類の出来事を歴史的なものとして数え入れることができるのか、ということについては自明ではないので、歴史構想がその解答を与えなければならない。というのも、ひとつ以上の妥当な選択肢があるからである。このことを確認することで、どのような出来事や事態が一般に有意義なデータとみなされるのかということだけではなく、この歴史把握がどのようなデータ収集の方法や説明方法を要求しなければならないのか、あるいは要求することができるのか、ということも明らかになる。エンゲルスとマルクスは、彼らの概念を次のように規定する。

> 「歴史とは、個々の世代の連続に他ならず、それぞれの世代は、それ以前のあらゆる世代から彼らに遺贈された諸材料、諸資本、生産諸力を利用し、したがって、一面では全く変化した状況の下で、受け継がれた活動を継続するとともに、他方では全く変化した活動をもって古い状況を変更する。」(MEW, 3 S.45)
> 〔『ドイツ・イデオロギー』、41頁〕

エンゲルスとマルクスは『ドイツ・イデオロギー』において、彼ら自身の構想を

第4章　歴史の構想　　95

観念論的歴史哲学との対比を通じて規定するという戦略をとった。彼らが公言している両者の明確な目的は、「歴史記述に一つの唯物論的土台を与える」(MEW, 3 S.28)〔『ドイツ・イデオロギー』、24頁〕ことである。すなわちその目的は、市民社会を歴史的展開の原動力と見なす彼らの歴史構想の基本構造を通じて到達しようとするものなのである。彼らは、確かに「歴史的に」という概念を明示的に定義してはいないが、そのような定義を再構成できるいくつかの発言がある。

（1）エンゲルスとマルクスの歴史概念が最初に輪郭を現しはじめるのは、彼らが観念論的歴史哲学と距離をとることを通じてである。彼らは「ドイツ人の偉大な歴史的知恵」(ibid.)〔『ドイツ・イデオロギー』、24頁〕がア・プリオリなものや思弁的なものへ逃げていると非難する。「というのは、ドイツ人の偉大な歴史的知恵はここでは、「なまの事実」から侵害を受ける恐れはないと信じているからである」(MEW, 3 S.29)〔『ドイツ・イデオロギー』、24頁〕。史的唯物論という前提の下では、これは事柄に即して誤謬である。というのも、人間の意識はつねに経験的諸条件に依存しているからである。同時にそれによって、あらゆる観念論哲学の、とりわけヘーゲル左派の根本的誤りが言い表わされている。「観念論的歴史哲学」とともに、自己意識や理性、理念の中に歴史における自立した力を見るような歴史理解の前提をエンゲルスとマルクスは非難する。このような「従来の歴史観」(MEW, 3 S.36)〔『ドイツ・イデオロギー』、32頁〕――その最も「純粋な表現」(MEW, 3 S.39)〔『ドイツ・イデオロギー』、35頁〕をしているのが「ヘーゲル歴史哲学」(ibid.)〔『ドイツ・イデオロギー』、35頁〕であるのだが――に対して、エンゲルスとマルクスは、自らの新しい構想を、意識と社会構成の生産諸関係への依存を指摘することを通じて区別する。歴史哲学の観念論的形態は、その起源を精神的労働と肉体的労働の分離の中にもっており、この分離が、意識が自らについて、自立した要因であると信じ得るための前提である。それとともにイデオロギーの内部では、疎外の生産物が、つまり自立的であるという意識の幻想が、歴史の発展の原動力であると説明される。しかし、それは歴史の発展の真の原動力を覆い隠し、それとともに疎外を固定化することに寄与するものなのである。このような理由から、観念論的歴史哲学は、疎外の固定化という機能的な意味でもイデオロギーなのである。エンゲルスとマルクスは、歴史のこのようなイデオロギー的解釈が展開されるがゆえに、そしてそのことによって、「自然と歴史の対立が生み出される」(ibid.)〔『ドイツ・イデオロギー』、35頁〕と主張する。そこにおいては、歴史的行いの最初の三

つの契機が闇に沈められ、歴史の本来の原動力が隠されるのである。その際、このような歴史哲学は社会の各時代の自己解釈に対して、完全に無批判にふるまう。「それは各時代がそれ自身について語るところ、それ自身について思い込んでいるところを言葉通りに信じる」(MEW, 3 S.49)〔『ドイツ・イデオロギー』、46頁〕のであり、そのことを通じて、歴史の物質的基礎へのまなざしが遮られる。観念論的歴史把握のさらなる結果として疎外が固定化され、――ブルーノ・バウアーに向けられた批判であるのだが――現存する疎外の再生産でしかあり得ないイデオロギー的啓蒙のみを通じた歴史的変化の理論が生じる (MEW, 3 S.47)〔『ドイツ・イデオロギー』、43頁〕。総じて、――エンゲルスとマルクスはそう批判するのだが――観念論的歴史哲学は「歴史から全ての唯物論的諸要素を取り除いた」(MEW, 3 S.49)〔『ドイツ・イデオロギー』、45頁〕のである。こうして、観念論的歴史哲学の特殊イデオロギー的な機能が説明される。

（2）エンゲルスとマルクスは三つの徴標でもって、自らの歴史概念を積極的に規定している。第一に「歴史的」なものとしての過程に特徴的なのは、それが人間の行動を示しているということである。――エンゲルスとマルクスは終始一貫して、歴史的な行為について述べている。第二に、変化を、ないしは何か「新しいもの」を生み出すのは行為でなければならない。「新しい欲求の産出は第一の歴史的行いである」(MEW, 3 S.28)〔『ドイツ・イデオロギー』、24頁〕。「歴史的発展」(MEW, 3 S.29)〔『ドイツ・イデオロギー』、24頁〕はこの出来事によって成り立っている。エンゲルスとマルクスが人間の行いを通じて引き起こされた展開を歴史として概念把握するということを――否定を通じて〔暗示的に〕でもあり、明示的にでもあるが――次のような言明から取り出すことができる。彼らの時代のドイツにおける停滞に関連していえば、それは「ラインの向こう岸では、もはや歴史が進行していないので、これらの事柄に関しては、どんな経験も持つことができない」(MEW, 3 S.30)〔『ドイツ・イデオロギー』、26頁〕と言われている。そしてさらに次のように続ける。

「諸欲求と生産様式によって条件づけられ、人間たち自身と同じ程度に古いところの、人間相互間の唯物論的関連が、すでに最初から見られる。――この関連は、常に新しい諸形態をとり、このようにして、「歴史」を示す。」(ibid., 下線による強調はクヴァンテ)〔『ドイツ・イデオロギー』、26頁〕

第4章 歴史の構想　97

　唯物論的基礎は、エンゲルスとマルクスの歴史概念の第三の特徴を言い表している次の二つの本文の箇所においてもまた明らかである。

> 「それ〔歴史観〕は次のことを示す。すなわち、…歴史は、歴史におけるそれぞれの段階において、各世代にその前の世代から伝えられる一定の物質的成果、生産力の或る総量、或る歴史的につくられた対自然の関係と諸個人相互間の関係が存在するのが見られ、生産諸力、諸資本および諸環境の或る総体の存在するのが見られるのであって、この総体はなるほど、一面においては新しい世代によって改変されはするものの、他面またそれはこの新しい世代にそれ特有の生活諸条件を指定し、それに或る特定の展開、或る特殊な性格を与える。——したがって環境は、人間が環境を作るのと同様に、人間を作る。」(MEW, 3 S.38)〔『ドイツ・イデオロギー』、34頁〕

少し後では、「歴史的生産物」[訳注4]が

> 「世代のそれぞれが、先行する世代の肩の上にのり、その産業とその交通とをさらに発達させ、その社会的秩序を必要の変化に応じて変えてきた連綿たる数世代の活動の成果」(MEW, 3 S.43)〔『ドイツ・イデオロギー』、39頁〕

として明確に定義されている。

　それゆえ総じて、歴史上の出来事は、世代の移り変わりを超えて、市民社会の全ての状況の変化として、新しいものを生み出す人間の行為である。そしてその変化というのは、史的唯物論の基本構造の枠組みの中で、第一のリストの四つの契機の共同作用 (Zusammenspiel) を通じて特徴づけられうるものであり、あるいは、その変化の実現は第二のリストの三つの契機を通じて説明することができるのである。

## 4.3　哲学の彼岸における歴史理解？

　エンゲルスとマルクスは、彼らの新しい構想によって、歴史哲学分野を全般的に

---

[訳注4]　MEW版とMEGA版では草稿の順番が異なっており、MEW版では次の引用箇所は前の引用箇所の後だが、MEGA版では前に位置している。

捨てたのだろうか。それとも、彼らの批判は、〔歴史哲学の〕観念論的なヴァリエーションに対してのみ向けられたものだったのだろうか。エンゲルスとマルクスの後の著作においては、彼らの思想の反哲学的で科学的な傾向がますます目につくようになるにもかかわらず、そのような解釈にはあまり説得力がなく、これに反対する多くの証拠がある (vgl. Brudney 1998)。現実の歴史過程が「思弁的に歪曲されており、後の歴史が以前の歴史の目的になっている」(MEW, 3 S.45：強調はクヴァンテ)〔『ドイツ・イデオロギー』、41頁〕という目的論的な歴史観察に対する彼らの批判は、いずれにせよ、さらなる発展と進歩に方向づけられた目的論的な歴史解釈と折り合うものである。確かにエンゲルスとマルクスは、政治的秩序のレベルにおける進歩を通じて歴史を駆動させている物質的な力を説明することを拒否している。というのも、このことは彼らの構想の基本構造に従えば、目的因と結果〔作用〕を転倒させているからである。しかし、それとともに、——より狭い意味で、あるいは近代的な意味で理解された因果説明は、(より広い意味でアリストテレス的な) 他の因果説明と折り合いが悪いに違いない、という誤った仮定を受け入れない限り——必ずしも機能的説明あるいは目的的説明のすべての形式が除外されるというわけではない (vgl. Iorio 2003)。マルクスの類的本質の形而上学は目的論的構造を持っており、『資本論』においては機能的な説明が中心的な役割を演じているといっても、そのような科学主義的な狭隘さは賢明ではない。「やむをえない欲求に伴う、必要物のための争いも再燃して、旧弊のことごとくがまたもや復活するにちがいない」(MEW, 3 S.34f.)〔『ドイツ・イデオロギー』、30-31頁〕のであるから、十分な生産力の発展と世界史的に普遍的な革命なくして、社会的関係の変革は成功し得ない、というエンゲルスとマルクスの主張もまた、歴史の目的的説明つまり目的論的な説明と両立しうるのである。というのも、これによって言われているのはただ、この箇所において問題になっている疎外の止揚は、物質的な前提条件を持っているのであり、それに対していかなる哲学的な成功の保証も与えられない、ということだけだからである。革命および疎外の止揚が挫折するならば、疎外の諸現象が再び現れるのだ。

　エンゲルスとマルクスの下では、歴史の出来事の、純粋に経験的で「自然科学的な」説明より以上のことがはたらいているというテーゼは、次の引用によって、明確に裏づけられている。この引用箇所を〔以前一度引用しているが〕今度は強調点を変えて、改めて引き合いに出すこととしよう。

「それにしても、意識が独力で何をしでかそうとそんなものは全くどうでもよい。われわれが、そういったがらくたの一切合切から手に入れる唯一の結論は、これら三つの契機、すなわち生産力、社会的状態および意識は相互に矛盾に陥り得るし、また陥らざるをえないということである。なぜなら分業とともに、精神的活動と物質的活動が、享受と労働が、生産と消費とが、異なる諸個人に割り当てられるという可能性が、それどころか現実性が与えられているからであり、それらが矛盾に陥らない可能性は、ただ分業が再び廃止されるということにのみ存在するからである。」(MEW, 3 S.32：下線強調はクヴァンテによるもの)〔『ドイツ・イデオロギー』、28頁〕

　ここで観察できる多くの様相表現は、もしかしたら狭義の因果的説明に限定される理論の枠組みにおいても再構成されうるかもしれないが、しかしながら、われわれの文脈においては、類的本質の本質主義的形而上学を示唆するものである。とりわけ矛盾のカテゴリーと――次の引用において用いられている――総体性のカテゴリーが理解させるのは、カテゴリー的には純粋に経験的に方向づけられた諸理論の射程の外に位置している証明目標がここではたらいていることである。

　　「この歴史観は次のことに基づいている。すなわち、それは現実的生産過程を、それも、直接的生活の物質的生産から出発しながら展開すること、そしてこの生産様式とつながり、それによって産出された交通形態を、したがって市民社会をその様々な段階において全歴史の基礎としてつかむこと、そして、市民社会を国家としてのその行動において示し、また宗教、哲学、道徳等々、意識のありとあらゆるさまざまな理論的生成物と形態を市民社会から説明し、そしてそれらからのその成立過程を跡づけることであり、その場合には、おのずから、事柄もその総体性において（それゆえまた、これらさまざまな側面の相互作用も）示され得る。」(MEW, 3 S.37 f：下線強調はクヴァンテ)〔『ドイツ・イデオロギー』、33頁〕

　エンゲルスとマルクスによって提示された歴史理解〔構想〕は、それゆえ、経験から教えられ、歴史的で自然科学的に立証されうる事実に基づいた歴史哲学として理解されるべきであろう。その歴史哲学は、ここで説明された基本構造を持つが故に

「唯物論的」と名付けられる。そのように読むならば、エンゲルスとマルクスの史的唯物論は類的本質というマルクスの形而上学と両立するのである。それだけではなく、この新しい構想は、『経済学・哲学草稿』において未解決のままであった疎外の起源と必然性への問いに対する部分的な解答として理解されうる。エンゲルスとマルクスは、『ドイツ・イデオロギー』において、疎外の起源を人間の生物学的な構成と偶然的な要因とに基づかせるという戦略をとっている。偶然的な仕方で、このような疎外が一度生じると、それは分業と私的所有という社会的制度の中で或る発展段階にまで発展し、そこでは疎外の普遍的止揚のための前提が与えられる。それとともに、新しい理論の経験的な次元が歴史哲学構想に統合されているということが依然として主張されなければならず、その歴史哲学構想は、中心的箇所では、ヘーゲル的およびポスト・ヘーゲル的理論状況に由来する諸前提に依拠し続けているのである。[1]

　エンゲルスとマルクスが、哲学的人間学および歴史哲学へのシュティルナーによる根本的な批判を全般的には受け入れることができず、詳細な反批判で拒否しなければならなかったということも、このような診断に有利な証拠となる。このような再批判が最終的に行われるのは、経験的に妥当でないというだけではなく、それ自体家父長制的な影響を生み出す哲学的な構成が、シュティルナーの批判の基礎にあるということを証明することによってなのだからである (Vgl. Quante 2010)。経験から形成された人間学や歴史理解に対する、力の込められた最終弁論は、どのようにして経験的・偶然的な要素と形而上学的・本質的な要素を統一的な理論に統合できるのか、という問いに答えはしない。1845／46年のエンゲルスとマルクスは、主観的には、満足できる自己理解と、その哲学的良心との清算をもたらしたのであり、彼らの理論全体における裂け目を塞いだのだという印象を〔自分たちで〕持っている (vgl. Thomson 2004)。しかし、方法論的には、後のマルクスの経済学(ポリティカル・エコノミー)批判の草稿も示しているように、ドイツ・イデオロギーを超克するという彼らの試みは、1843／44年の若きマルクスが明確なヘーゲル批判の出発点としていた問題、経験と形而上学の関係という問題に由来しているのである。

───────────

（1）この点については以下を参照。 Hartmann (1970), Lange (1980) und Quante (2008 b).

# 第5章
## 承認と経済学批判(ポリティカル・エコノミー)

　疎外 [alienation] の概念は、カール・マルクスの哲学の（少なくとも彼の初期の著作においては）重要な概念として認められてきた。しかし、彼の承認概念は、いままでほんのわずかにしか注目を集めてこなかった。「承認」──および「再領有」(Wieder-aneignung) のようないくつかの関連概念──は、1843年と1844年の彼の著作において明示されている、マルクスの疎外概念と内在的に関連しているので、若きマルクスに関しては、この承認概念を軽視する傾向は、近年少なくともある程度まで乗り越えられてきた。(1)マルクスの経済学(ポリティカル・エコノミー)批判の枠内に承認の形跡を追い求めることは、依然としてほとんど着手されていないプロジェクトである。その一つの理由は、多くの解釈者がいまだにマルクスの諸著作の間に鋭い断絶があると信じていることであるかもしれない。すなわち、人間学的で哲学的な若きマルクスと科学的な成熟したマルクスとの間の切断である。もう一つの理由は、経済学批判のために捧げられた後期の作品でマルクス自身が、彼の疎外の概念についてそれほど明示的に言及していないことである。

　本章では、マルクスの後期の著作における彼の価値概念の中においても、承認が中心的な要素となっていることを示したいと思う（私はこれを私のメイン・テーゼと呼びたい）。もし、承認がマルクスの資本概念にとって構成的であることが確定され得るならば、それはマルクスの基本的な哲学的概念には何の断絶もないというテーゼや、彼の初期著作で詳述されたこの概念が、経済学(ポリティカル・エコノミー)批判においてもなお機能しているというテーゼに対して、もう一つの論拠となる。さらに、マルクスが、（『精神現象学』で展開されたような）ヘーゲルの承認概念の構造を、彼の価値概念や価値と価値形態の弁証法にとってのモデルとして利用したのだということを示すことができるならば、それはマルクスの哲学的概念にとって、ヘーゲル哲学が主要な源泉であるというテーゼに対するもう一つの論拠となる。ヘーゲル哲学が後期マルクスにとって重要

---

（1）Brudney (1998)、Quante (2009) および本書の第3章を参照せよ。

であることを否定する読者たちが存在するが、たいていの読者は、ヘーゲルの『大論理学』が後期マルクスにおいて重要であることは認めている。私のメイン・テーゼはこのことを否定しようとするものではなく、マルクスがその価値理論においてヘーゲルの『精神現象学』にも依拠していることを論証しようとするものである。[2]

　主に解釈の問題に関わる、これら二つの論点以外に、私のメイン・テーゼはいくつかの重要な体系的な帰結をもたらすであろう。この論文で私はそれらのうちの次の二つだけに焦点をあてるつもりである。すなわち第一に、マルクスの価値概念における承認の構成的役割が、価値の還元不可能な社会的本質を含意しているので、彼の価値理論は自然化され得ないということ（5．3節）。第二に、マルクスの価値概念の中に見いだされるべき承認の構造は、マルクスの経済学批判によって前提された、正義あるいは他の倫理的価値の理論にとっての支柱になり得るということである（5．4節）。[3]

　私が試みたいのは、少なくとも私が本章で扱うテクスト、つまり『資本論』の初版（1867年）とマルクスの「直接的生産過程の諸結果」（1863－1864年に執筆）に対する妥当な主張として私のメイン・テーゼを打ちたてることである。[4] それに先だって、私は最初の節で（5．1）、（『精神現象学』での）ヘーゲルの承認概念の基本的な特質について大まかに描写し、第2節では（5．2）1844年のマルクスの「ジェームズ・ミル評注」に見いだされる、マルクスの承認概念について手短に描写する（第1節と第2節では、私はこの論文の目的に関係するヘーゲルとマルクスによる記述のこれらの側面に言及するだけである。「ミル評注」についてより詳しくは本書の第3章で述べられている）。

---

（2）本章の第3節で明らかになるように、マルクスは『大論理学』で展開されたヘーゲルの「反省諸規定」（Reflexionsbestimmungen）にも大きく依拠している。ヘーゲル研究者たちの間で目下論争になっているのは、『現象学』と『大論理学』とが、互いにどのように関係しているのかということである。本章で私はこの問題への態度を留保する。マルクスは当時両方を参照することができた以上、ヘーゲルが『現象学』を書いたときに、彼が反省の論理をすでに仕上げていたかどうかを私たちは議論する必要がない。私の見るかぎり、マルクス自身はこのヘーゲル解釈の問題を扱わなかった。本章の目的にとっては、この問題が関わってくることは何もない。したがって、私は以下ではこの複雑な問題を無視する。興味深いことに、マルクスが「反省諸規定」の意義を展開するのは、例として承認の場面を用いることによってである。「およそこのような反省規定というものは独自なものである。たとえば、この人が王であるのは、他の人々が彼に対して臣下としての態度をとるからにほかならない。ところが、彼らは、彼が王であるから、自分たちは臣下であると思うのである」（CO. p. 24, 注3）〔『初版資本論』、99頁〕。

（3）私はこのテーゼが真であると考えるが、本章はこれについて決定的な発言をしようとするものではない。

（4）マルクスはこのテクストを『資本論』の初稿として書いたが、結局それを用いなかった。さらなる編集上の情報については、MEGA$^2$ II，4.1, pp. 9*-40* および449-456を見よ。

## 5.1 背景としてのヘーゲル

　ヘーゲルは『現象学』において、自己意識は二つの経験的な自己意識の或る種の相互行為としてのみ具現化され得るのだというテーゼを擁護する (Quante 2011, 第11章)。このことが意味するのは、自己意識概念の具現化は、二つの自己意識の相互行為を通してのみ実在化され得るような全体的な構造を必要とするのだということである。さらに、ヘーゲルの反省を通じて、ある経験的な自己意識の、他の経験的な自己意識との相互行為がいつでも自己意識概念の具現化を形成するわけではないことが示されている。この種の相互行為を明らかにすることによって、「承認の過程」が動き始める。ヘーゲルが『現象学』で同定する承認の過程の四番目の「二重の意味 (ambiguity)」ないし二重の意義の中に、私たちは、自己意識概念の具現化にとって必要かつ十分な、二つの自己意識の間の特殊な種類の相互行為を見出すのである。

　この相互行為において、「承認の純粋概念」が明らかにされる (PhS §185)〔『精神現象学』、222頁〕。「純粋」というのは、それが哲学的意識にとってのみ把握されるからである。行為者 A と B のパースペクティヴは、主人と奴隷の弁証法の主題だが、それはまだこの「純粋」構造レベルには関係しない。ヘーゲルはこの承認の過程において四つの「二重の意味」を提示する。最初の三つは自己意識の基本的な弁証法的構造に関わる。すなわち、第一に対象としての対象への欲望、第二にその対象の独立性が否定され、そして第三に、この否定はその上に対象自身のうちで自律的に果たされる。これらは自己意識の純粋概念の構造に属しており、また承認にとって固有なことではない。しかし、ヘーゲルが次に展開する (ibid., §§182-183)〔『精神現象学』、220～221頁〕四番目の二重の意味は、違う種類のものである。ヘーゲル自身がこれを強調するのは、その点までは (最初の三つの二重の意味に関して) 承認はただ「・一方の自己意識の行為として」のみ表象されてきた (ibid., §182)〔『精神現象学』、220頁〕という事実を指し示すことによってである。しかし、自己意識にとっての三番目の構成的条件が必要とするのは、対象とされる自己意識がその否定をそれ自身で行うということだから、概念的に必然であるのは、最初の自己意識の側でのこの承認が「それ自身、第一の自己意識自身の行為でありまた他方の行為でもあるという二重の意味をもつ」(ibid., §182)〔『精神現象学』、220頁〕ということである。いまやヘーゲルは、A と B のパースペクティヴをそれら自身の行いと他者の行いの上で取り上げ、承認の過程の「諸部分」としての、

AとBの二つの承認行為の相互依存について詳述するのである。

> 「各々は、自分が行なうのと同じことを他方が行なうのを見る。各々は自分が他者に求めることを自分で行なう。したがって他者が同じことを行なう限りでのみ各々が行なうのである。」(ibid.)〔『精神現象学』、221頁〕

　AとBの両方が彼ら自身と彼らの相互行為の相手を自律的な自己意識と見なす。それゆえ相互行為は、互いの他者の自由な自己規定を承認することを含意しており、したがって、相互行為は両方の側の自己制限を含意する。また、AとBは、自分自身をそのような自律的な行為者と見なしているので、この態度は、相手に余地を残すために自分自身を制限することを、他者に対して要求することをも含んでいる。このようにして、AとBの意図を構造的に分析することで主題化されるのは、彼らの志向的態度の具体的内容ではなく、彼らの承認的ないしコミュニケーション的行為の前提である。この構造において、AとBは両方とも彼ら自身と互いの他者を自律的な自己意識と見なしているので、〔ふたつの〕一人称的〈私‐志向〉のもつれ合いが生じることになる。(5)「彼らは彼ら自身を互いに承認しあっているものとして承認しあっている」(ibid., §184)〔『精神現象学』、222頁〕のである。

　AとB自身の観点からではなく、哲学的意識の観点からは、私たちという構造と同時に精神の構造の基本的な形式が、このことによって具現化されている。というのも、この基本的な構造の具現化にとっての成功条件は、AとBの行為の対称的なもつれ合いであるからである。「一方の側による行為というのは、無益なものでしかないだろう。なぜなら、起こるはずのことは、両方の側によってのみ、もたらされ得るからである」(ibid., §182)〔『精神現象学』、221頁〕。ヘーゲルが同じ個所で述べているように、これは「分かたれることなく、一方の行為であるとともにまた他方の行為でもある」(ibid., §183)〔『精神現象学』、221頁〕ような行為の特殊な形式なのである。

　本章の目的にとっては、ヘーゲルの承認概念の二つの特質が問題となる。つまり、(a)承認の第四の契機を、二人の行為者の〈行為‐内‐志向〉として分析され得るような内容をもった、対称的な関係とする彼の分析であり、(b)承認の過程の構造的次元と心理学的次元との間に彼が引く厳密な区別である。構造的分析の中では、この相互行為

---

(5) AとBの〈私‐志向〉は、相互にもつれ合っている。なぜなら、Bの〈私‐志向〉の内容は、Aの〈私‐志向〉の内容のなかで表象されている（逆もまたそうである）からである。

の純粋な形式が再構築される一方で、この構造を実際に担う経験的行為者の具体的志向が、いかにして承認の形式的あるいは構造的な内容が経験的行為者にとって明らかになるのかを分析すること（〔『現象学』の〕本文の次の部分で実行される）の一部なのである。第3節で見るように、マルクスは彼の価値概念において、ヘーゲルの承認概念のこれら両方の特質を結びつけている。しかし、このことを論じる前に、マルクスのパリ期の著作における彼の承認概念を大まかに要約しておく必要がある。

## 5.2　1844年「ミル評注」におけるマルクスの承認概念

『経済学・哲学草稿』と「ミル評注」においてマルクスが考えるのは、私有財産、市場および賃労働という諸制度が体系的に人間本質の実現を挫くのだということであり、そのためこの社会構造は疎外〔estrangement〕の一つとして性格づけられるはずだということである (Marx and Engels 1975, 273ff. を見よ)〔『経哲草稿』、432頁以下〕[6]。この診断について詳述することができるようにするために、マルクスは評価的な基準として承認を含む類の概念に言及する。

　マルクスによれば、類的存在としての人間は、普遍的な存在であるがゆえに、自分自身の本質的な特性について信念を持つことが本質的であるような存在者である[7]。ところで〔この類的存在者としての人間には〕次のようなことが起こり得る。つまり、xが自分自身の本質を誤って把握しているために、xはそれ自身の本質を実現することができない、ということである。ここには、自身の本質の自己把握という次元における疎外の特殊な一形式がある。社会的および物質的実現という次元においては、マルクスの見解では、疎外はそのような不適切な自己解釈とつながっている。疎外の両方の次元は、互いに依存的でありうる。すなわち、間違った自己解釈が間違った社会的関係をもたらす（あるいは少なくとも固定化する）ことがあり得るのであり、また間違った社会的状況は間違った自己解釈を生じさせることがあり得るのである。

---

(6) 翻訳に多くの欠点があるものの、私が〔英訳の〕この版を用いたのは、それが英語文献では最も知られ、広く引用されているからである。とりわけこの論文が採用している「外化」〔Entäusserung〕と「疎外」〔Entfremdung〕の間の厳密な術語的区別は、パリ草稿の英語版の訳者によっても維持されている。マルクスのテクストにおいては、対応する諸概念が、訳者の決定が提示するような厳密な仕方で区別されているわけではないことを読者は頭に入れておくべきである。
(7) このことの詳細な分析は、Quante (2004b)、Quante (2009) および Lange (1980) を見よ。

マルクスの理論は、歴史的-哲学的次元を含んでおり、それは行為の「対象化モデル」を彼が採用したこととともに、彼は知や自己知といった認識活動を説明するためにもこのモデルを使っているという事実から必然的に帰結するものである。[8] 行為をこのように説明することの背景には、本質主義的前提があり、それによれば、人間という類的存在は、第一に自己実現へと方向づけられており、第二に自己意識としての人間の普遍的な性格のおかげで自身の本質に関する知識を持っているという。しかし、もし人間が、行為を通じて自分自身の本質を自身にとっての対象とすることによってのみ、その本質を知ることができるのならば、外化は必然的に自己実現のなかに含まれている。同時に、このことは、もし適切な自己実現が失敗すれば、欠陥形態にある外化としての疎外を生じさせることを可能にする。もし、マルクスに対して、人間がいま疎外されていることを認めるならば、疎外を克服することが、実際的な前提条件のもとにある類としての人間を実現するために不可欠な中間段階であるということになる。マルクスがヘーゲルの『法哲学』から引き出した考えは、〈物件によって媒介（あるいは経由）された契約に対する当事者間の社会的相互行為は、承認の特殊な一形式を構成する〉ということであった。この形式が、抽象法の妥当性の存在論的な基礎であり、その源であると主張したヘーゲルとは対照的に、マルクスはそれを疎外された／疎外する相互行為の表現として受け止めるのだが、そこでは人間たちは互いから疎外され、また彼らの類的本質からも疎外されるようになるのである。

> 「したがって、交換すなわち交換取引は、私的所有内部での人間の社会的行為、類的行為、共同体、社会的な交通と結合であり、それゆえそれは外的で、外化された類的行為である。まさにこの理由のゆえに、そうした類的行為は交換取引として現れるのである。こうした理由で、そうした類的行為は社会的関係性の反対物なのである。」(ibid., p.219)〔「ミル評注」、219〕

マルクスにとっては、ヘーゲルにおける承認の純粋な形式は疎外である（このことは、マルクスが資本の構造を疎外されたものとして表現するのにヘーゲル的観念を用いることができると彼が考える主な理由であり、その際にマルクスは、ヘーゲルにおける純粋な承認の概念の構造を具現化するものとして資本の構造を示すこと

---

(8) マルクスはこのモデルを自己意識についてのヘーゲルの説明の中で見出した。詳しくは Quante (2011) 第11章を見よ。

によってそうするのである)。マルクスによれば、このことが明らかになるのは、ヘーゲルが承認として捉える抽象法概念においてであり、この承認は本質的に私的所有を通じて形づくられるのである。このことに対抗して、マルクスは彼の人間学的オルタナティヴを提示する。すなわちマルクスがヘーゲルの私的所有の分析に対抗して提示する承認の概念も、同じくヘーゲル的モデルに従うが、愛という承認がフォイエルバッハを経由してマルクスに入り込むのである (Brudney 1998およびQuante 2010を見よ)。

　アリストテレス的な仕方で、自然の強調と類的存在としての人間の観念という本質主義を理解するならば、『経哲草稿』には倫理的論証として読むことができる多くの文言が疑いなく存在する。この読み方は価値評価的である。というのも、本質主義的な存在論の〈あるべき [the should-be]〉は、自らの本質を実現する参加者のパースペクティヴにおける〈行為すべき [a should-act]〉を含んでいるからである。例えば、「ジェームズ・ミル評注」の最後の部分の「人間的生産」に関する一節を見てほしい。[(9)]

　この箇所におけるマルクスの説明は、二つの前提に基づいている。それが想定しているのは、第一に、私たちが「人間として」生産したことであり、第二に、対称的な関係が存することである。つまり、「私の側から生じることは、あなたの側からも生じる」(ibid., p.228)〔「ミル評注」、383頁〕。マルクスはこの承認の関係を、第一段階では参加者の観点から描き、そこでは彼は——前提された対称性のために——彼が一人

---

(9) ここにその一節のすべてを挙げておく。「私たちが人間として生産したと仮定しよう。その場合には、私たちはそれぞれ自分の生産において自己自身と相手とを二重に肯定していることだろう。私は(1)私の生産において私の個性とその独自性とを対象化しているだろう。したがって私は、活動しているあいだは個人的な生命発現の喜びを享受し、またそれと同時に、対象物を眺めては、私の人格性を対象的な力、感性的に直観し得る、またそれゆえに疑問の余地のない力として知るという個人的な喜びを享受したことになるだろう。(2)私の生産物をあなたが享受したり使用したりするのを見て、私は直接に次のことを意識する喜びを享受することになるだろう。すなわち、私は労働することによって人間的な欲求を充足するとともに、人間的な本質を対象化し、したがってほかの人間的な存在の欲求に、それにふさわしい対象物を供給したと意識する喜びである。(3)あなたにとって、私はあなたと類との媒介者となっており、したがって私があなた自身の本質の補完物であり、あなた自身の不可欠の一部分であることがあなた自身によって知られ、かつ感じられており、結果として私はあなたの思考と愛とにおいて私自身を確証するすべを知っていることであろう。(4)私の個人的な生命発現の中で私は直接的にあなたの生命発現を作り出し、したがって私の個人的な活動の中で、私は直接的に私の真なる本性、私の人間的な本性ならびに私の共同的存在を確証し、実現したであろう。
　私たちの生産物は、数多くの鏡なのであり、そうした鏡の中で私たちは自分たちの本質的な本性が映し出されることを見るのである。
　さらにこの関係性は相互的であり、私の側から生じることは、あなたの側からも生じるのである」(Marx & Engels 1975, pp. 227-228)〔「ミル評注」、382-383頁〕。

称単数として定式化するパースペクティヴの一つに自分を限定することができる。最初にマルクスは、疎外されていない生産においては、「私たちは〔それぞれ自己の生産において〕自己自身と相手とを二重に肯定したことになるだろう」(ibid., p.227)〔「ミル評注」、382頁〕と言う。このことは、マルクス自身が列挙することによって——少なくとも一見したところ——扱われる四つの側面を明らかにしている。

　Aは彼の生産物において人間的個人としての彼自身の独特な性格を実現し、Aは人間本性を対象化することによって彼の類的存在を実現する。そのほかに、AはBがBの類的存在を実現することを助け、またAはBによってこの媒介者として知られ、承認される。そしてAはBがそのようにAを承認することを知っている。このことが意味するのは、Aは彼自身の類的本性を対象化し、それをBによる承認においてAの意識の対象とするということである。さらに、AはBが彼の(=Bの)個人性(Bの個人的享受)を実現することを助け、その結果、Aは彼の個人的存在と類的存在(=彼の真の人間本質)をこの活動において実現する。このことは、Bが本当にAの生産物を享受し、同時にAが想定する承認をBが行うという条件で妥当する。この相互行為の対称的相互性という追加的前提において、Bもまた彼の真の人間本性を実現することに成功する。そうしてAとBは、ヘーゲルが『現象学』で自己意識の十全な実現として展開していた承認の構造を満たすのである。「彼らは彼ら自身を互いに承認し合っているものとして承認し合っている」(Hegel 1977, §184)〔『精神現象学』、222頁〕のである。

　すぐ後でマルクスは承認のこの構造を哲学的立場から分析してみせる (Marx and Engels 1975, p. 228)〔「ミル評注」、383-384頁〕[10]。そうすることで彼は、彼が以前分析していたような、私的所有と市場という条件のもとでの交換行為の疎外された構

---

(10) ここにその箇所すべてを挙げておく。「以下、上に想定した場合に現れる様々な契機を考察しよう。私の労働は生命の自由な発現となり、したがって生命の享受となるであろう。私的所有を前提すれば、私の労働は生命の外化である。なぜなら、私は生きるために、生活の手段を調達するために労働するのだからである。この場合、私の労働は生ではない。第二に、それゆえ私の個性という独自性は私の労働の中で肯定されることになるであろう。というのも、労働が私の個人的な生命の肯定となるだろうからである。したがって労働は、真の活動的な所有となるであろう。私的所有の前提のもとでは、私の個性はとことんまで外化され、その結果、活動は私にとって忌むべきもの、苦悩となる。それは活動というよりもむしろ単なる活動の仮象、したがってまた、強制された活動にすぎない。それも内的で必然的な必要によらずに、ひたすら外的で偶然的な必要によって私に課せられるのである。私の労働は、現にそれがあるままの姿でしか、私の対象物の中に現象することができない。それはその本質にもとるような姿で現象することはできない。だから私の労働は、私の自己喪失と私の無力との対象的な、感性的で、直観されうる、したがってまったく疑問の余地のない表現として現象するほかはないのである」(Marx and Engels 1975, p.228)〔「ミル評注」、118-119頁〕。

造と、交換行為の疎外されていない構造とを対比するのである。彼は何組かの対立〔概念〕を用いてこれを行う。すなわち、「生命の自由な発現」と「生命の外化」、「真の活動的な所有」と「私的所有」、および「外的で偶然的な必要」と「内的で必然的な」必要といった対立〔概念〕である。これらの対置は、それらのうち肯定的なものの方については、漠然としたままであり、論拠が不十分なままである。マルクスの理論のこの発展段階においては、彼は承認の構造の「諸契機」を哲学的に正確につかむことはできず、それらに内容を与えることができない。言えることは、マルクスが「本質」、「現象」および「仮象」というヘーゲル的なカテゴリーを用いており、そのため彼の本質主義が特殊ヘーゲル的な形を取っているということである。いわく、

「私の労働は、現にそれがあるままの姿でしか、私の対象の中に現象することができない。それはその本質[11]にもとるような姿で現象することはできない。」(ibid., p.228)〔「ミル評注」、384頁〕

マルクスが「本質」と言うのは、(歴史的な) 発展の途上での変化を排除しない意味においてである。ここでの主題は、ある時点で表出した、疎外された形態における労働の本質であって、労働の不変の本質が歴史的に異なった表出の仕方をするというのではない。本質主義と目的論的発展のこの結びつきは、ヘーゲル以前の本質主義的 (啓蒙主義に顕著である) 人間理解からマルクスの人間理解を分かつものである。しかし、マルクスが提示する、肯定的な対案は、否定的なユートピアにとどまっており、そこでは二人の個人間の無媒介で完全に非道具的な関係という形式において、すべての社会的相互行為が概念化されているのである。[12]

## 5.3 『資本論』における承認

『現象学』と『大論理学』の構成には、次のような一つの重要な違いがある。すなわち、前者ではヘーゲルが分析と叙述という二つのレベルを扱っており、「純粋な」構造的レベルについては、物語全体を知る哲学者の観点から概念的発展が描写される一方

---

(11)〔英訳では「nature (本性)」とされているが〕マルクスは原文でヘーゲルの「本質 [*Wesen*]」というカテゴリーを使っているので、訳語を変更している。
(12) より詳細な分析は、Magnis (1975) を見よ。

で、心理学的レベルについては、概念的発展が経験的な主体に対して、どのように、いかなる形態で表象されるのかをヘーゲルは描写しているのである。[それに対し]『大論理学』においては、ヘーゲルは概念的発展の構造的レベルと、この発展がその叙述を追う読者に把握される仕方との間に何の違いもないことを前提している。それゆえ、彼はただ構造的レベルにおいてのみ発展を叙述すると主張しているのである。

もう一つの重要な特質は、『現象学』の多くの箇所でヘーゲルは、構造的レベルと心理学的レベルの両方において——前者のレベルでは純粋概念の行為、後者のレベルでは経験的な行為者の行為として——概念的発展を行為として叙述するということである。『大論理学』では、ヘーゲルは構造的レベルでの発展を大文字の概念［THE CONCEPT］およびカテゴリーの行為として叙述する（このことは、『大論理学』の哲学的思考のなかでは構造的レベルと経験的レベルとの間に何の差異も生じないという彼のテーゼの表明として、最もよく理解される）。

以下では、私のメイン・テーゼを三段階で説得力のあるものとすることを目指すつもりである。ここで私は以下の三つの仮定に依拠することにしたいと思うが、ただしこの三つの仮定を本稿で論証することはできない。第一に、マルクスが、純粋な自己意識というヘーゲルの概念の線に沿って資本主義的形態をとった価値をモデル化しているということである（こうした価値をマルクスは人間の類的存在の自己外化の極端な形態と見なした）。彼のパースペクティヴにおいては、資本とはヘーゲルの自己意識概念の具現化であり、また同時に [in uno actu] 外化の具現化なのである。このことは、資本を「自動的主体」と名づけていることによって最も明らかに表現されている (MEGA² II , 6, S.172)［『資本論 第1巻』、262頁］。第二の前提は、ヘーゲルが精神として、自己意識の本質的に社会的な概念を把握するのにぴったり対応して、［マルクスにおいては］価値が、人間の類的存在の社会的次元の表出として理解されている、ということである。それによってマルクスは、ヘーゲルの主体性概念を（世界におけ

---

(13) ヘーゲルが『現象学』において二つ、ないし三つの観点を用いているかどうか（哲学者の観点、読者の観点および自然的意識の観点）について、またこれらが互いにどのように関連しているかについて、研究文献においては論争がある。『現象学』と『大論理学』の主な違いは、後者にはそのような［複数の観点が用いられるといった］差異はないということであるので、私は以下では前者〔『現象学』〕の構造に関するヘーゲル解釈の問題には立ち入らない。ただし、議論のために Quante (2011) 第4章と Quante (2011) 第11章を見よ。
(14) 〔『資本論』〕初版では、このヘーゲル的構造がよりはっきり示されている。というのも、マルクスはここでは資本を「自動的な、おのれ自身において過程を進行する主体」(MEGA² II , 5, S.109)〔『初版 資本論』、153頁〕として述べているからである。

る人間存在の基本的形態としての) 労働の概念に置き換える。第三に、資本主義についてのマルクスの構造的分析の背景には、彼の歴史哲学があり、そこでは人間の類的存在が必然的にそれ自身の本質を外化された形態に対象化し、また資本主義的形態としての外化された対象化を止揚することで、自身の本質を再領有するのである (RIPP p.92)〔『諸結果』204頁〕。したがって、マルクスは、経済的外化に対する彼の批判と、外化の現象としての宗教と神学に対するヘーゲル左派の批判とのあいだに対応関係を見ることができる (マルクスの見解では、宗教や神学は、類の生産と再生産の過程における基本的な外化の付帯現象である) (ibid.)〔『諸結果』204頁〕。

このことを念頭におきつつ、三つのさらなる特殊テーゼを擁護することによって、私のメイン・テーゼ (承認はマルクスの価値概念において中心的な要素である) を説明し、説得力のあるものとしたい。

**テーゼ1**　マルクスの価値概念は、ヘーゲルの純粋な承認の概念の中心的特質を含んでいる。

基本的にマルクスは、彼の価値理論を展開するために三つの概念を用いている。つまり、価値そのもの、使用価値、および交換価値の三つである。「価値」は、「使用価値」と「交換価値」を種とする類概念ではなく、「価値」は、使用価値という物質的側面に対立する価値の社会的次元にとっての類概念であることに気づくことが重要だ。つまり、価値は、「使用価値を捨象することによって正確に特徴づけ」(CO, p.8)〔『初版　資本論』、20頁〕られる。社会的に構成された存在者として、価値は相互行為あるいは社会的構造の様々な形態において実現され得るのである。また、『資本論』においては、「交換価値」が価値に関係するのは、価値がその資本主義的形態において具現化されているときである。この本でマルクスは資本主義だけに取り組むことを意図しているので、初版の第一章の脚注で彼は、「価値」は以下ではさらなる条件づけなしに「交換価値」を意味するということを明示している。[15] 彼は「交換関係からは独立して、または」価値が「交換価値として現われる形態からは独立して」(ibid., p.9)〔『初版　資本論』、20頁〕商品の分析を開始する。しかし、私たちはマルクスの価値概念の社会的次元に関心があるので、彼の「価値形態の分析」に目を向けなけ

---

(15) この脚注 (ドイツ語原典では注9〔『初版　資本論』、21頁〕) は、CO〔英訳〕では省略されている。

ればならない (ibid., p.16)〔『初版　資本論』、31頁〕。

　マルクスは、商品の交換において現われる形態〔形式〕面の内容について分析を行うが、その商品交換においてはどの商品もその価値性を他の商品との関係において、またその関係を通して実現するとされる。最後に、価値の純粋な社会的次元としての交換価値は、商品自身に「とって」明らかになる。この過程は外化された形態における、つまり物象とその布置連関の特質としての、労働の社会的次元（人間存在の社会的本質）の明示化でもある。

　マルクスが価値形態の内部での構造的発展を諸商品の行為[16]として提示することと、彼がこの形態〔形式〕の内容[17]を（行為者として理解される）商品の「意図〔志向〕」として描くことによって、この形態の内容を規定しているということに気づくことが重要である。それゆえ、マルクスは彼の分析を通じて帰属主義的な [ascriptivist] 語彙を用い、構造を役割（性格）、規則（形態）としてあるいは、「妥当性 [Geltung]」を構成する役割の表象として扱う。「彼らは互いに対して価値として妥当する」(CO, p.28〔『初版　資本論』、50頁〕および Schampel 1984 を見よ）。

　彼の考えを述べるためにこの帰属主義的語彙を使うことは、二つの理由から適切である。第一に、商品関係の価値的次元を可視化することが必要とされていること、また第二に、この次元は、資本主義の内部では物象と構造の特性として現われるにもかかわらず、本質的には社会的なものであることを可視化する必要があるということ、である。価値形態についてのマルクスの分析と純粋な承認の観念についてのヘーゲルの分析との重大な差異のひとつは、以下の事実に存している。すなわち、マルクスにとっては資本の内部での発展は、人間の類的存在の本質的に社会的な性

---

(16) これによって行為の方向と行為者の役割とを考慮に入れているのだとすれば、マルクスは対称的な関係が異なる内容をもちうることを示すことができる（こうしたことを考慮に入れることができるのは、形態〔形式〕-内容が、交換内部での商品の構造的意図〔志向〕として表現される場合である）。Quante (2006) を参照のこと。

(17) マルクスの目的が（実在的行為者が現実に意図することは何であるかは度外視して）、交換形態それ自体の内容を分析することであるということ、また彼がそうする際にヘーゲルの『大論理学』を応用していることは、彼の脚注から明白である。「ヘーゲル以前の専門的論理学者が判断と推論の範例において形態の内容さえ見過ごしたのだから、経済学者たちが（彼らが物質的関心をもつことにすっかり影響されて）相対的価値表現の形態-内容を見過ごしたのは、驚くことではない」(CO, p.22)〔『初版 資本論』、40頁〕。古典的論理学の標準的な用語法では、「形態〔形式〕」は内容的に中立であるとされ、そのため異なる内容が同じ形態〔形式〕をとることもできるとされる。マルクスがヘーゲルの功績だと評価しているのは、形態〔形式〕そのものは中立ではなく、物質的な効力をもつことを発見したことである（マルクスの説明のなかで一つの有名な応用は、貨幣は交換の中立的な手段ではなく、重要な社会的効力を生み出すという彼のテーゼである）。

質が外化された扮装で現われることだという事実である。そのような重要な次元は、純粋な承認についてのヘーゲルの概念には欠けている。マルクスは外化についてのこのテーゼを支持しているので、彼は資本を「自己価値増殖［Selbstverwerthung］」(MEGA² II, 5, p.109)〔『初版　資本論』161頁〕に巻き込まれた、一つの自己目的として特徴づけ、またこのことが「生きた労働」、つまり人間の主体性と生命力を資本が「吸収して」(RIPP p.91)〔『諸結果』、202頁〕いるという事実の現れであると考える。それによって資本は人間の類的存在の自己実現力を資本自身の力にしたのである。[18]

　外化のこの側面を度外視すれば、マルクスによる形態〔形式〕分析のこれらの特質は、純粋な承認についてのヘーゲルの分析の線に沿ってモデル化されている。これらの側面を私たちは、「相対的価値の形態の第一形態あるいは単純な形態」(CO p.18)〔『初版　資本論』、34頁〕についてのマルクスの分析に見いだす。

　　「リンネルは、或る使用価値あるいは有用物という姿で生まれてくる。だから、その体躯が糊で固められていることは、すなわちそれのもっている現物形態は、それの価値形態ではなくて、価値形態の正反対物なのである。リンネルが自分自身の価値存在を示している根拠は、まず、自分を、自分に等しいものとしての、他の一商品である上着に、関係させているということである。リンネルがそれ自身価値でなければ、リンネルは自分を、価値としての自分に等しいものとしての上着に関係させることができないであろう。リンネルが自分を質的に上着に等置するのは、リンネルが自分を上着に、同種の人間労働の対象化、すなわち自分自身の価値実体の対象化として関係させるからである。」(ibid., p.18)〔『初版 資本論』、34〜34頁〕

　二つの物質的な商品の関係内部で、商品の社会的な価値性質が具現化されているのは、両方の商品が交換において果たす役割の布置連関においてである。マルクスは「行為者」の一方（リンネル）の観点から物語っているが、明らかであるのは、両方の商品がその役割を果たすときにのみ、交換が成功裡に行われ得るということである。だから、商品の「価値としての実在性」は、二つの商品の交換を必要とするが、それらの商品は、「行為者」としての互いに対して、また二つの商品の両方において

---

(18) Andrew Chitty (2009) は、マルクスが初期の著作では資本を外化された類的存在として把握していることを論じている。

具現化された或る普遍的なものに対して、互いを関係させるものなのである。ヘーゲルの分析において（そこでは自己意識の概念がこの普遍的なものである）と同じように、マルクスの分析においても（そこでは人間労働がこの普遍的なものである）、普遍に対するこの関係は哲学者によって明らかにされるのであって、行為者自身、つまりその商品自身にとって明示されるのではない。

　純粋な承認についてのヘーゲルの概念および交換価値の形態〔形式〕-内容についてのマルクスの分析は、次のような四つの中心的な特質を共有している。

（ⅰ）（資本主義のもとで）価値の十全な構造を実現するためには、二つの商品の相互行為が必要とされる。

（ⅱ）この構造が自らを表出するのは、（行為者として理解される）商品の前提された意図（志向）として（哲学者によって）表象されうる形態〔形式〕-内容においてである。

（ⅲ）全レベルでの対称的な構造は、形態〔形式〕の内容の非対称的な構造と結びつけられているが、その形態〔形式〕の内容は、商品によって果たされる役割に関連づけられている（どの商品も原理的にはすべての役割を果たすことができる。このことは全体の対称的な条件を満たすために必要とされる）。だから、異なる内容が構成されるのであり、その中では商品の内的に矛盾する側面の全体性が組織される。

（ⅳ）この構造の内部では、社会的な価値は具体的な物質的対象において「直接に交換可能な使用価値」として表現されるのであって、それは――哲学的分析においては――商品のこの側面が一つの「反省規定」(CO, p.24)〔『初版　資本論』、43頁〕であり、自然的対象の属性ではないにもかかわらず、そのように表現されるのである。[19]

　上述したように、原理的な一つの差異は、純粋な承認についてのヘーゲルの構造分析においては、対称性が一貫して主要な特質だということである。マルクスにとって交換価値の形態〔形式〕-内容は、人間の社会的本質の外化された対象化であるので、分析全体の或る箇所では、根本的な非対称性が現われざるをえない。結局、外化のこ

---

(19) マルクスはここで「反省規定」というヘーゲルの用語を用いている (MEGA² II, 5, S.34 注21)〔『初版　資本論』、24頁〕。『資本論』初版の「第一章　1価値形態の付録」として公表された、この分析のリライト版においては、マルクスはこの構造を描写するために「フェティシズム」という用語を用いている。MEGA² II, 5, S.637〔『初版 資本論』894頁〕を参照のこと。

の側面は次の事実に帰着する。すなわち、ある一つの商品が直接的に、つまり具体的な物質存在として、自分を社会的実在として、成功裡に表出しなければならないが、それというのも、このことが外化の完成を意味するのだからだという事実である。

> 「価値の現象形態としてのリンネルに、すべての他の商品が関係することによって、リンネルの現物形態が、すべての商品とのリンネルの直接的交換可能性という形態になり、したがって、直接的にリンネルの一般的・社会的形態になるわけである。」(ibid., p.30)〔『初版　資本論』、52頁〕

この全体構造は「直接的な矛盾」であり、その矛盾性を「交換過程」(ibid., p.40)〔『初版　資本論』、69頁〕として組織する一つの統一である。それは、マルクスによれば、矛盾が現実的なものになりうる形態なのである。[20]

> 「一般的な相対的価値形態と一般的な等価形態とは、諸商品の同じ社会的形態の、対立的な、相互に前提しあい、相互に斥発しあう両極なのである。」(ibid., p.31)〔『初版　資本論』、53頁〕

この非対称性は、資本主義的生産の全体構造において明らかになるが、資本主義的生産は、自身を二つの異なる過程へと組織するのである。

**テーゼ2**　資本の内部で流通過程と生産過程をマルクスは区別しているが、この区別は、ヘーゲル『現象学』における二つのレベルの概念を統合するものであり、そうして前者の〔流通〕過程は承認という行為を前提としている。前者の〔流通〕過程が（資本主義的形態での）後者〔生産過程〕にとっての不可欠な前提であるため、承認というこれらの行為は、資本にとって構成的である。

『資本論』の一つの章として意図されながら、結局その中に収録されなかった「直

---

[20]「商品は、使用価値と交換価値との、したがって二つの対立物の、直接的な統一である。だから、商品は直接的な矛盾である。この矛盾は、商品がこれまでのように分析的に、あるときは使用価値の観点のもとで、あるときは交換価値のもとで観察されるのではなくて、一つの全体として、現実に他の諸商品に関係させられるやいなや、発展せざるをえなくなる。諸商品の相互の実在的関係は、諸商品の交換過程なのである」(CO, p.40)〔『初版　資本論』、69頁〕。

接的生産過程の諸結果」において、マルクスは二つの過程、すなわち流通過程と生産過程を区別している (RIPP, p.91〔『諸結果』、202頁〕を参照のこと)。

「流通においては資本家と労働者は相互に商品販売者として相対するだけである」(ibid.)〔『諸結果』、202頁〕。つまり、労働者は自分の労働力を提供し、資本家は「労働の購買者」(ibid.)〔『諸結果』、202頁〕として登場する。生産過程の内部では――それは「二つの異なる観点のもとで、つまり（1）労働過程として、（2）価値増殖過程として」(ibid., p.93)〔『諸結果』、207頁〕考えられ得るものだが――、「資本家によって遂行される諸機能は、意識と意志をもって遂行される資本そのものの諸機能、つまり生きた労働を吸収することで自分自身を増殖させる価値の諸機能にほかならない。資本家は人格化された資本として機能するにすぎず、人格としての資本であって、それはちょうど労働者が人格化された労働として機能するにすぎないのと同様である」(ibid., p.91 f.)〔『諸結果』、202-203頁〕。

マルクスが生産過程の内部での構造的意図（志向）を帰属させるのは実在的行為者であり、その内容は、生産の資本主義的形態それ自体の内容にほかならない。それゆえマルクスは次のように述べる。

「労働の現実化のために必要な物象的諸条件が、労働者そのものから外化され、むしろそれ自身の意志と魂を付与された物神として現われる。」(ibid., p.103)〔『諸結果』、52頁〕

マルクスはこれら二つの過程〔流通過程と生産過程〕の関係を次のように分析する。流通過程は「資本主義的生産過程の」「前提であり」、またその「結果と所産でもある」(ibid., p. 93)〔『諸結果』、206頁〕。これらの過程は、分析的に区別され、異なる領域に属していなければならないが、マルクスは両方の過程が資本を構成していると考える (ibid., p.105〔『諸結果』、55頁〕を参照のこと)。流通過程は資本主義的生産の「全関係」の構成的部分であり、私たちは流通過程の内部で資本家と労働者が承認の関係にあることを見る。というのも、

「資本家と労働者は相互に貨幣所持者および商品所持者としてのみ相対し、彼らの取引は等価物の交換であって、それはすべての購買者と販売者のあいだの交換と同じである」(ibid., p.101)〔『諸結果』、49頁〕

からである。
　しかし、1844年の「ミル評注」における承認概念についての分析が示すように、この〔資本家と労働者の〕相対は承認の外化されたバージョンでしかない。互いを購買者と販売者と見なすことは承認の一例ではあるが、それはそのそれぞれが、相手が自分自身とその相手自身とがこの役割を果たすものであると、相手が見なしているのを知っているということを前提している。「社会的な生産物が商品として生産されるはずの」資本主義社会では、

> 「社会の競争しあう成員たちが、人格として登場し、商品所持者としてのみ相対し、そういう所持者としてのみ相互に接触することは所与の条件であり、前提である。」(ibid., p. 79)〔『諸結果』、177頁〕

　資本主義においては、資本の領域内での承認は外化された形態をとらざるをえない。マルクスは抽象法という形態での承認をそのような外化の形態として理解しており（このことを彼は「ミル評注」で25年前に自分で確立していた）、それゆえ互いを購買者と販売者と見なすことは、資本主義内部では適切な承認のバージョンなのである。
　テーゼ1についての私たちの議論で、マルクスが交換形態の形態〔形式〕-内容を、諸商品が実現する承認の構造として分析するのを見た。資本主義的生産についての彼の分析では、類的存在の社会的本質の外化された対象化が、もうひとつ別のレベルに到達したのであり、それには三つの理由がある。
　第一に、〔資本主義の〕二つの過程への内的な差異化は、構造的レベルと心理学的レベルを統合する。というのも、資本家と労働者がこの場面に登場するからである。しかし、人間行為者のこの心理学的レベルでは、意図（志向）というものは役割として規定されるのであって、主観的態度として規定されるのではない。したがって、この心理学的側面はマルクスの価値理論を個人的な選好ではなく、明らかに社会的なものに関係づけている。(21) 第二に、この配置全体の中で、生きた労働と死んだ労働との区別

---

(21) 私の目的は、マルクスの価値概念が承認の線に沿ってモデル化された、還元不可能な社会的次元を含んでいるという主張を説得力のあるものとすることである。マルクスの価値概念が個別行為者の個人的選好に還元され得るという——全く異なる——主張を擁護することが、この論文の目的なのではない。価値理論におけるこの主観主義は、現代の経済学においては主流であるが、それは価値が社会的に構成されるというマルクス版の価値概念とははっきり切り離されなければならない。

が (転倒した形態においてではあるが) 示されている。そして第三に、人間の類的存在の主観性は、「相互的な人格化」(ibid., p.113)〔前掲書、80頁〕の関係において (物神という形態においてではあるが) 対象化される。承認関係は、交換価値形態の形態-内容において暗黙裏にのみ前提されていたが、それはいまや行為者たち自身にとって明示的となった。というのは、そうした承認関係は、彼らが流通の段階で互いに対してとる態度の内容だからである。この過程は、総体性としての資本主義的生産の構成的な部分である。だから、この後者の承認も資本の内部での構成的な要素なのである。

**テーゼ3** この布置連関 (生産過程と流通過程) の全体構造は、その資本主義的形態においては、外化の一例である。つまり、それは構造的な「自動的」主体による経験的主体の道具化であり、人間という類的存在の真の実在化の転倒である。(このことが明白なのは、過程の社会的本性が経験的行為者によって物象の自然的特性と見なされるという事実においてである)。

　テーゼ1とテーゼ2を確立するにあたっては、マルクスの外化概念を暗示することが必要であった。というのは、この概念は、マルクスによるヘーゲルの承認概念の用い方とヘーゲルのアプローチ自体との主要な差異の源だからである。それゆえ、私はテーゼ3が〔すでに〕原則として論証されていると考える。以下で私が試みたいのは、マルクスの1844年のパリ期著作においてなされた分析が、彼の経　済　学 ^(ポリティカル・エコノミー) 批判全体の背景に依然としてあるのだということを示すことである。

　生産の資本主義的な形態を外化されたものとして特徴づける主要な特質は、互いに所有者としてのみ関係する実在的行為者の道具化である。つまり、手段と目的の転倒 (生きた労働が従属者で、死んだ労働が生・き・て・い・る・側、吸収する側である)、また人間の類的存在の社会的本質が物象の自然的特性として表象されることである。というのは、

　「商品は、生来、一般的可能性という直接的な形態を排除しており、したがって、一般的な等価形態を対・立・的・にのみ発展させうるが、同じことは、諸商品のうちに含まれている私的諸労働にもあてはまる〔からである〕。これらの私的労働は直・接・的・に社会的な労働ではないから、第一に、社・会・的・な・形態は、実在する有用な諸労働の自然形態とは違った、これらの有用な労働とは無縁な、抽象的な形態であり、第二に、すべての種類の私的労働は、それらすべてが、排他的な

一種類の私的労働に等置されることによって、対立的にのみ、自分たちの社会的な性格を得るのである。」(CO, p.32)〔『初版　資本論』、55頁〕

　ここでの欠落は、互いを具体的な人間として承認する諸個人の間の直接的な関係性においては、社会的なものがまだ実現していないということである。つまり、資本主義的構造においては、彼らは——交換における諸商品間の関係を経由して——互いを諸商品の形式的に同等な所有者（あるいは労働〔力〕の購買者と販売者）として承認する。また、「ミル評注」においてと同様に、マルクスはオルタナティヴを否定的な仕方でのみ性格づける。

　「商品が[訳注1]直接的に社会的な（つまり共同の）労働であれば、諸生産物は、それらの生産者たちにとっては、共同生産物という直接的に社会的な性格を得るであろうが、相互同士での商品という性格を得ることはないであろう。」(ibid., p.31)〔『初版　資本論』、54頁〕

マルクスは彼のオルタナティヴを次のように描写する。

　「さて、ロビンソンに代わって、共同の生産手段を用いて労働し、自分たちのたくさんの個人的な労働力を意識的に一つの社会的な労働力として支出するところの、自由な人々の団体を、想定することにしよう。ロビンソンの労働のあらゆる規定が繰り返されるが、このことは、個人的にではなく、社会的にというにすぎない。とはいっても、一つの本質的な区別が生ずる。ロビンソンのすべての生産物は、彼ひとりの個人的生産物であったし、したがって、彼にとっては、直接的な使用対象であった。団体の総生産物は社会的な生産物である。この生産物の一部分は再び生産手段として役立つ。それは相変わらず社会的である。ところが、ほかの一部分は生活手段として団体の構成員たちの手で消費される。したがって、それは、彼らのあいだに分配されなければならない。この分配の様式は、社会的生産有機体そのものの特殊な様式に応じて、また、この様式に対応する生産者たちの歴史的な発展の高さに応じて、変化するであろう。ただ商品生産と対比して

---

［訳注1］本書の日本語訳では、この「商品」の箇所は「労働」と訳されている。(『初版 資本論』、54頁)

みるために、生活手段についての各生産者の分けまえが各生産者の労働時間によって規定されている、と前提しよう。そうすると、労働時間は二重の役割を演ずることになろう。労働時間の社会的に計画された配分が、いろいろな必要に対するいろいろな労働機能の正しい割合を、規制する。他方、労働時間は同時に、共同労働についての生産者の個人的な分担分の尺度として役立ち、したがってまた、共同生産物中の個人的に消費可能である部分についての生産者の個人的な分けまえの尺度としても役立つ。人々が彼らの労働や彼らの労働生産物に対して持っている社会的な諸関係は、ここでは依然として、生産においても分配においても、透明で簡単である。」(ibid., p.35 f.)〔『初版 資本論』、61頁〕

ここでは非常に多くのことが言われている。マルクスの見方において重要なひとつの特質は、(生産と分配における) 社会的組織が、「透明で単純」でなければならないということである。相互的な承認と社会的生産有機体との一体化は明らかに構成的な要素であるが、それはこれらの自由な人々が、自分たちの行為を、「一つの社会的な労働力」の活性化として理解しなければならないからである。資本主義の内部では、

「私的生産者たちは、自分たちの私的生産物である諸物象に媒介されて、はじめて社会的な接触にはいる。だから、彼らの労働の社会的な諸関係は、彼らの労働における人々の直接的に社会的な諸関係として、存在し現われているのではなくて、人々の物象的な諸関係または諸物象の社会的な諸関係として、存在し現われている。ところで、物象を、社会的な物として、最初にかつ最も一般的に表わすことは、労働生産物が商品に転化することなのである。」(ibid., p.37)〔『初版 資本論』、63頁〕

この構造の内部において必然的に生じる「神秘性」(ibid.)〔前掲書、63頁〕[22]は、原則的には克服されうるものであるが、それは社会的な生活過程が、「自由に社会化された人

---

(22) この箇所においてマルクスはもう一度、彼の経済学(ポリティカル・エコノミー)批判と(1840年代の)宗教批判プログラムとの間の、完全な並行関係を指摘している。それは「抽象的な人間に対する礼拝を伴うキリスト教が、最もふさわしい宗教形態である」というだけでなく、「現実の世界の宗教的な反映は、実践的な日常生活の諸関係が、人間に対して、人間の相互間および対自然の日常的に透明であり、合理的である諸関係を表わすやいなや、初めて消滅しうるのである」(ibid., p.38)〔『初版 資本論』、64頁〕。

間の産物として、人間の意識的に計画された制御のもとにおかれる」(ibid., p.38)〔『初版　資本論』、64―65頁〕ときにはじめて克服され得るのである。このことは、透明性と計画された制御という認識的次元のみならず、互いに正しい帰属を行い合い、承認し合う態度をも必要とする。こうした態度が、「自由に社会化された人間」を構成するのである。したがって、「成熟した」マルクスの経済学(ポリティカル・エコノミー)批判の核心に、私たちは、若きマルクスの哲学の中心的な要素である外化と承認の概念を見出すのである。

## 5.4　マルクスの経済学(ポリティカル・エコノミー)批判における承認と倫理的次元

　この最後の節では、承認が資本の構成的な要素であるということから、マルクスの経済学(ポリティカル・エコノミー)批判の本質的部分をなす倫理的側面について手短に論じたい。

　私たちが第2節で分析した『経哲草稿』および「ミル評注」の叙述は、個人は単独ではその類的存在を実現できないという存在論的主張を含んでいる。このために、類的存在の実現は、その類の少なくとも他の一つの個体による構成的寄与に依存している。この存在論的な統一は、外化されていない共同生産という社会的文法の内部においてのみ実現されるのである。つまりそれは、Aは、BがA自身の本質の不可欠な一部分であることを知り、また感じている、ということである。このことが実現されるためには、単なる因果的結びつき以上のことが必要とされる。むしろ、社会的協働が、自己と他者の解釈という次元での、参加者の正しい態度と結合されなければならないのである。(23)この態度は、他者を〔ひとりでは〕不足した存在であるような人間として承認することに存しており、また同様に、他者がその活動を通じて、その人にその類的存在を実現させることができるという事実の承認を表現するものとしての愛に存している。AおよびBによる生産行為と消費行為の両方が、類的存在の十分な実現に不可欠な成分であり、そのことをマルクスは手段−目的の転倒がないこと、また(私的所有、市場ないし賃労働による)間接的な媒介を排除することとして、ただ否定的にのみ規定しているのである。

　生産において自己を実現する対象的な類的存在の諸契機としての相互依存という存在論的次元にはめ込まれていることで、この存在論的次元への十分な個人的パー

---

(23) それは、規則、規範および価値を構成的要素として含む社会的文法である。このことが意味するのは、マルクスの承認哲学の核心に、私たちは「観念論的」要素を見出すということである。詳しくは第3章を見よ。

スペクティヴと他者の欲求に対する適切な姿勢とが求められる。この前提は、潜在的な倫理的規範として解釈され得るものである。同時に、類的存在としての諸個人間の存在論的な相互結合に基づいた主張に、正しく基礎づけられた規範的正当化を与えるために、対称性という条件を考えることができる。[24] この読解においては、類についてのマルクスの形而上学は、ある倫理的な理論を含意しており、その理論は、必要とされる承認の構造が、ことによると共存の十分な社会的組織化に依存するかもしれず、また一つの付帯現象であると判明するかもしれないという考えによっては脅かされるものではない。たとえ倫理的な意識がふさわしい社会的組織に依存しているかもしれないとしても、にもかかわらず適切な倫理的意識は類的存在の十分な実現に不可欠な要素であり続けるのである。

　本章の第3節で見たように、マルクスが資本主義的生産の二つのレベルを区別したことは、承認の構造的レベルと心理学的レベルの間でのヘーゲルによる区別を利用するものである。そのおかげでマルクスは、この内容を諸商品の「行為における意図（志向）」として見なすことによって、価値形態の内容を分析することができるのである。そして、その際には諸商品が（分析における構造的レベルでの）行為体であると前提している。マルクスが明白に述べるように、これらの行為は——第二のレベル〔心理学的レベル〕で——機能的に第一のレベルである構造を実現するのに十分であるような意図をもち、行為をなす現実の行為者なしには実現され得ない。マルクスは資本の内部における承認のこの二次元モデルを外化および類的本質の喪失の事例として提示する。もし、私たちが彼のパリ期の著作で展開されたような対象化、外化そして類的存在という概念を前提するならば、このことは何ら驚くべきものではない。もし、承認が人間という類にとって本質的なものであり、この本質は、最初に外化された形態で対象化され、その後意識的に再領有されることなしには、実現され得ないということであるならば、そのときには、マルクスは承認の構造を（なるほど外化された形態としてではあるが）資本の構造へ統合しなければならない。これが、私が見るかぎり、マルクスが提示した哲学的枠組み全体において、人間が自分たちの本質のこの部分〔承認〕を実現し、領有することができる唯一の方法なのである。

---

(24) 主として、搾取と分配についてのマルクスの理論に関係する、彼の正義論についてはこれまで多くの議論があった。Buchanan (1982)、Sweet (2002)、Peffer (1990)、Cohen et al. (1980) の第一部の論文、および Nielsen & Patten (1981) への寄稿論文を見よ。もし、本章における私の診断が正しければ、マルクスの正義論は、彼の承認概念から発するものである。

# 第6章
# 市場批判

　多くのヘーゲル的定理を自分自身の構想に取り入れたマルクスが、市場の評価については、ヘーゲルとは根本的に異なる結論に至ったということをどのように理解すればよいのだろうか。

　本章で私は第一に、ヘーゲルの理論とマルクスの理論のどのような前提から、もしくはそれらのどのような概念的要素から、市場の評価に関する〔両者の〕違いが帰結したのかを、詳細に追うこととしたい。第二に、ヘーゲルの意志論を実践哲学の基礎として維持し続けながら、それとともに必然的に市場までも買い入れることにならずにすむのかどうかということについても明らかにしたい。ひょっとしたら、承認というヘーゲルの概念は市場という制度を必然的に含意してしまっているのではないだろうか。[1] マルクスに関しても、次のようなそれに類似した問いが投げかけられる。つまり、市場を全面的に撤廃するという現実政治的に未決の要求を引き受けることなしに、資本主義世界についての彼の分析の中心的な面を維持することはできるのだろうかという問いである。市場、少なくともその制度的ヴァリエーションのいくつかと彼を和睦させ、しかしながら依然としてマルクスの経済学批判の中心的洞察に依拠し続けることは可能なのだろうか。

　こうした目標を達成するために、本章の第1節では、本章の問題意識に関連する限りで、私から見てヘーゲルとマルクスがほとんど一致している行為論的な基礎について再び手短に整理しておきたい（6.1）。その際私は、ヘーゲルとマルクスに見出される市場の根本的評価の中心的根拠が、意図されざる帰結についての彼らの異なった評価に基づいているという私の想定について検討したい。場合によっては、こうした観点からヘーゲルとマルクスの立場が哲学的にはそれほど根本的に分かれ

---

(1) たしかにヘーゲルは、彼の『法哲学要綱』においてはもはや承認の概念を、この領域を構成する原理として用いてはいない。そこでこの役割を引き継ぐのは、「自由であるところの意志」である。Hegel (1968 ff.) Band 14.1（以下でこの版から引用する場合には GW のあとに巻数と節番号を示す）〔『法哲学』、299頁〕。ヘーゲルとマルクスにおける承認論的側面については Schmidt am Busch (2011) 参照。

るものでは全くないことさえ、示され得るだろう。

　第2節では、意図されざる帰結という問題へのヘーゲルとマルクスの解答が市場と関連づけられながら明確化される（6.2）。その際私は、形而上学的側面を規範的側面から区別することで、この二人の著者たちを作為的に対置することとしたい。こうした発見法的差別化は、ヘーゲルにおいてもマルクスにおいても、単に観点を区別するものと見なしてよく、実証的なものと誤解されてはならない。こうした差別化は、「経験的か形而上学的か？」という問いが目指す差別化とは別物である。私たちがヘーゲルとマルクスにおいて問題としているのは、哲学的な——つまり「個別科学的な」と対立するものとして理解された「哲学的な」——構想であって、それはどちらも実践的次元と形而上学的次元を同様に含んでいる(2)。もちろん、ヘーゲルとマルクスの構想は、どちらも個別科学から（そしてこの意味で「経験的に」）教えられたものである。しかし、「経験的」という用語は玉虫色で多義的である。それゆえ以下で私は、「形而上学的」対「規範的」という区別を用いることとする。もちろんこの区別についても説明が必要であろう(3)。

　第3節では、一見単純な私の問いが最終的にはいかに複雑なものであるか、そして、求められている差異を明確なものとして突き止め得るためには、ヘーゲルとマルクスそれぞれの構想にどれほど入り込んでいかなければならないのかが示される（6.3）。

　この点についての私の考察は手短に済ませ、第4節の考察に移っていく。つまり、ヘーゲルとマルクスの構想の間のこうした位置関係をより正確に理解するためには、どの場所で、そしてどのような方法でさらに問いを立てなければならないのかが検討されることになる（6.4）(4)。

---

（2）この点については、Rózsa (2007) 第4、6、7章および Erzésbet（未刊行）参照。
（3）ヘーゲル法哲学の思弁的・論理的構造の詳細な叙述は Vieweg (2012) に見出される。ヘーゲルの経済哲学の成果がどれほど強力なものであるのかを示すためには、たしかにその説明上の付加価値が示されなければならない。ただ、それにはもちろん、ヘーゲル体系における概念的な導出連関を示すだけでは十分ではない。
（4）これは一貫して批判的な自己対象化としても考えられている。この哲学的伝統から出発するのだとしたら、こうした問いの中でどこに説得力のある仕方で位置をとることができるのだろうか。どのくらい（しかもどのような制度的形態において）市場は受け入れられ得るのだろうか。そしてより一般的にいえば、どのような種類の疎外がどのようなコンテクストでどのくらい甘受されるべきなのだろうか。そしてどのようにしてこうした価値判断は哲学的に基礎づけられるのだろうか。本章は、こうした〔問いを扱う〕プロジェクトの準備作業であるにすぎない。なぜなら、本章は、市場に関する問いに制限され、第一義的には解釈問題にねらいを定めているからである。

## 6.1 ヘーゲルとマルクスの行為論的基礎

### 6.1.1 ヘーゲルにおける行為概念

ヘーゲルは、『法哲学』の「道徳性」章で彼の行為概念を導入している。『法哲学要綱』の第110節では次のように言われている。

> 「a）内容は私にとっては、次のような仕方で私のものとして規定されている。つまり、この内容はその同一性において私の内的な目的であるだけではなく、それが外的な客観性をも受け取っている限りで、私の主観性を私にとって含んでいるのだという仕方である。」〔『法哲学』、第110節〕

行為論的観点からは、この箇所は次のようなことを意味している。私が行為するとするならば、私が次のような仕方で記述することのできる行為の帰結がなければならない。つまり、私がその中に私の目的を実現されたものとして再び認識できるという仕方でである。人間の行為はいつも、行為者から認識されない、あるいは予想されていなかった諸局面を提示しており、行為者から認識されない、あるいは予想されていなかった結果を生じさせる。その際、行為者はこれらの局面や帰結について何も知らなかったということも可能であるが、しかし、行為者がそれを少なくとも意図してはおらず、ただ甘受したにすぎないということも可能である。人間が行為を行うときには、そのような意図されざる局面や効果をいつも不可避的に生み出すのである。にもかかわらず私は、——ヘーゲルによればこれは道徳的な責任を誰かに帰属させるという私たちの実践の確実で中心的な構成要素のひとつなのだが——少なくともこの局面ないし帰結の一部について、道徳的責任を認めなければならないのである。こうした実践についてのヘーゲルの哲学的解明と正当化によれば、意図せざる局面と帰結が生じるということ、そうした局面と帰結のうちいくつかについては責任を負わなければならないということ、この両方において、即かつ対自的に自由な意志の形態としての人間という行為者の有限性が示されているのである。ヘーゲルは、これに続く第111

---

(5) 本章で私は、もっぱら『法哲学要綱』においてヘーゲルによって展開された行為概念を扱う。この点についてより詳細に扱ったものとして以下を参照。Quante (1993) および (2011) 第9・10章。
(6) GW 14.1, 第110節。原著の強調は無視されている〔『法哲学』、第110節〕。

節で彼の『大論理学』を全体として振り返りながら、人間行為のこうした有限性が、どのような思弁的に解明されるべき深層構造を有しているのかを示したあと、再び行為論のレベルに話を戻し、(第112節で) 次のように述べている。

> 「c) 私は、私の目的の遂行の中に私の主観性を保持する［したがって私の意図を帰結の中でふたたび認識する――クヴァンテによる補足］ことによって、私は私の目的の客体化としてのこの遂行の中で、同時にこの主観性を直接的なものとしては、したがってこの私の個別的な主観性としては止揚するのである。」〔『法哲学』第112節〕

　私は、私の内的目的の、私の意図の帰結として一つの事態［Sachverhalt］を承認しているのだが、こうした承認がなされている契機においては、私はもはや内的主観的空間の中にいるのではなく、社会的な事実を生み出している。[7] それゆえ、意図的な目的実現というこうした構造そのものの中に、行為の普遍的なものが、あるいはヘーゲルも述べているように、行為の客観的なもの、社会的なものがすでに示されているのである。ヘーゲルは、目的実現において遂行されるこうした客観化として二つの局面をまとめている。行為という出来事のレベルにおいてそれは、意図されざる局面と因果的帰結である。この局面と帰結が、行為の意図という内在的な主観性を超える客観性を展開するのである。行為記述という（あるいは行為の責任帰属という）レベルにおいては、それはそのような目的実現と一つになっている妥当要求の間主観的な承認であり、あるいはその批判でもある。この妥当要求をヘーゲルは客観化として捉えている。[8] したがって、人間の行為

---

(7) ヘーゲルは、心的なものにとっての内的なものと外的なもの、私的なものと公的なものとを二つの外延的に分割された領域として受け入れているわけではない。ただし、彼が行為論の解明という枠内において内的なものと外的なものについて述べる際には、それは主観性の客観化の一形式であることが認められている。この点については Quante (2011), 第4章。

(8) ヘーゲルによれば、理性の普遍性が明示される、客観化のこの第二の次元は、行為が概念的に間主観性を前提とする理由でもある。この点について詳細に展開したものとして Quante (1993) および Quante (2011) 第9章を参照。ヘーゲルは、とりわけ『法哲学』の道徳性章への欄外加筆で、客観化のこの二つの形式を区別することに大きな労力を費やしている。しかしそれにもかかわらず彼は、行い [Tat] の概念をこの両局面に対して同じように用いることによって、読者の理解を非常に困難にしている。行為 [Handlung] と違って、行い [Tat] は行為という出来事の局面だけでなく社会的な記述及び価値評価基準をも指すことばである。ヘーゲルの証明目標に関して言えば、この〔二つの意味の〕密接な関わり合いは、理解できるものである。なぜならそれによって「行い [Tat]」のもとで、客観化の二つの契機がまとめられ得るのだからである。それに対し、行為論的再構成の観点から言えば、行い [Tat] 概念の使用に関して、この文脈によって区別される反省規定（〈行為〉対〈行い〉）は単に曖昧な表現として否定的に評価せざるを得ない。

は因果的過程に尽きるものではなく、概念的には——ヘーゲルの構想においては——必然的に妥当現象を呈示するものなのである。私は行為者であるかぎりでは、複合的な世界状況の中に、私によって意図的に生み出されたものを認識することを要求し、あるいはこの世界状況の中で、そうして生み出されたものだけを私の行為として承認することをも要求している。<sup>(9)</sup>もしひとりの行為者が、自分の行為の特定の帰結についてその責任を認めようとせず、その際に自分の意図と事態の成り行きについての自分の理解に訴えるのだとするならば、その行為者は、その行為者が意志し、予想したことではなかったからという理由で、〔自分の行為の〕意図されざる局面と帰結についてそれが帰責可能なものであるということを拒否しているのである。そのようにして道徳的帰責を棄却すること、そしてまた免責を訴えることで、妥当要求が掲げられているが、この妥当要求は、因果的事態の再構成に尽きるものではなく、規範と価値の承認に依拠している。ヘーゲルによれば、行為者がそのようにして、事態についての自分の観点をその評価の基準として承認するよう求めることのうちで明らかになっているのは、行為するということの中には、他者の意志との関係が暗黙裏に含まれているのだということである。したがって行為とは、単なる自然的出来事（純粋な身体運動）ではなく、それは概念的に、社会的妥当という次元を含んでおり、ヘーゲルによればそれは一人以上の行為者を概念的に前提しているのである。<sup>(10)</sup>

　このことから明らかなのは、行為における主観的視点と客観的視点が、社会的協働という文脈にこのように巻き込まれているということから、より複雑な関係が導き出されざるを得ないということである。つまり、そのような場合には、参加する行為者は相互に調整し合い、相互に相手に反応しなければならない。その際行為者たちは、その行為についての自分自身の期待および理解とならんで他の行為者の期待や理解とも再帰的〔反省的〕に関わらなければならないのである。それによって、この空間には次のような可能性——これは、ヘーゲルが彼の法哲学においてすでに初期から重要なものとして取り上げていたスコットランド経済学の基本的な確信の一つであったのだが——が成立している。つまり、相互行為の枠内において合目的性構造を示す、意図された行為の意図されざる帰結が、どの個々の行為者もそれを

---

(9) ヘーゲルは、決断を行うこと及びそれを受け入れる（あるいは拒否する）ことという私たちの実践を哲学的に解明する中でこの連関を展開している。これについては Quante (2011) 第10章。
(10) この行為の間主観的概念は社会的相互行為、あるいは協働と混同されてはならない。後者は、別のレベルかつ別の仕方で複数の行為者を巻き込むものである。

意図しなかったにもかかわらず、存在するのだという可能性である。こうした見解をヘーゲルは受け入れており、またすぐに示されるように、マルクスもまた同様に受け入れている。しかし、彼らはそれを異なった仕方で概念化しており、その評価に至っては正反対なものとなっている。

## 6.1.2 マルクスにおける行為概念

マルクスは、ヘーゲル法哲学一般、とりわけヘーゲルの行為概念に通じていた。そうした彼は、自分自身の行為理解を『経済学哲学草稿』では彼の疎外論の枠内で次のようにまとめている。

> 「労働が生産する対象はその生産物である。この対象は、疎遠な存在者、生産者から独立した威力として労働に対して登場する。労働の生産物は対象の中に固定化され、事象的 sachlich なものとなった労働である。この生産物は労働の対象化であり、労働の現実化そしてその対象化である。」(MEGA² I, 2, S.236)〔『経哲草稿』431 – 432頁〕

マルクスはここでアリストテレスとヘーゲルの伝統の中に立っており、現実化とは、単純に物質化というだけではなく現勢化(エネルゲイア)を意味している。行為の対象化モデルにおいて表現されている考えは同時に常識(コモンセンス)の堅固な構成要素をなしているものである。つまりそれは、最初に何か——直観的にもっもらしい意味で——内的なもの(あるいは主観的なもの)が存在し、次に、行為者の意図によって操られている身体運動によって(過程という意味での)実在化が生じる、そして最終的に、この身体運動の結果として或る世界状態が存在しており、その世界状態を、行為が成功した場合には正当な仕方で、意図されたものの(帰結としての)実在化として記述できる、というものである。常識(コモンセンス)の堅固な構成要素をなしているのはまさしく、こうした実在化においてうまくいかない多くのことがあるという経験である。

ここで体系的に重要なのは——これはフィヒテの自我の概念に至る論証の筋なのであるが——「前もってすでに行為の実在化に含まれていなかったものは、行為帰結の中に何も対象化され得ない」というテーゼをマルクスが主張しているということである。マルクスは彼の疎外分析の中で次のようにその論証を行っている。一歩目として彼は、労働者のその活動の生産物からの疎外を、実行としてのその活動か

らの労働者の疎外から区別する。次に、彼は疎外のこの二つの次元がどのように関わっているのかを問い、前もって行為のなかに存在していなかったものは何も帰結の中に存在し得ないが故に、実行としての行為における疎外がより根源的であるというテーゼを打ち立てる。彼の疎外概念のこの中心的な前提は、同時に基本的な行為論的かつ主観性理論的前提を意味するものであるが、マルクスはこれに修辞的な問いをまとわせている。

> 「労働者が生産という行為そのものにおいて自らを自ら自身から疎外しているのでなければ、どうして労働者に対してその活動の生産物が疎遠なものとして対立して来ることができるのだろうか。生産物はまさに、この活動の、つまり生産の要約にほかならない。」(MEGA² I, 2, S.238)〔『経哲草稿』434頁〕

確かに今次のような問題が生じている。もしこの発言が適切なのだとすれば、人間の行為の意図されていない結果は何に由来するのだろうか、という問題である。活動の帰結に対する活動の優位、この意味での(プラグマティズム的・行為論的あるいは主観性理論的に基本的な意味における)実践的なものの優位というフィヒテの前提を共有するヘーゲルもまた、言うまでもなくこの問題を抱えていたのである。

## 6.2　意図的行為の意図せざる結果の問題と市場

こうして私たちは本章の中心的問いの出発点にたどり着いたことになる。それはつまり、もし事柄が行為という出来事の因果的結果としてだけではなく、目的に関わる出来事として理解されるべきでもあるとするならば、個人である行為者によって予期されなかったその行為の結果を哲学的に統制された形で目的の実在化として明らかにするにはどのようにすればよいのかという問いである。[11] アダム・スミスは、しかしまたすでにアダム・ファーガソンも、制度的なものとして理解された行為一般に関して、そして特に市場に関しても、そのような解釈を示していた。こうした

---

(11) この問題について包括的に議論するためには、行為の気づかれない局面についても議論しなければならない。なぜならそうした局面は、道徳的責任の帰属という私たちの実践において、決断を行うこととそれを受け入れることと同様に中心的なのだからである。経済学批判(ポリティカル・エコノミー)の研究プログラムに関して、この局面はおそらくマルクスのイデオロギーの概念にとって重要な要素である。

解釈は、見えざる手というイメージをまといながら、それぞれの市場批判にとって中心的な参照点となっているのである。

　マルクスとヘーゲルが共有する想定においては、個人の行為と相互行為は、理解する観察者によって目的の実在化として理解されるのであって、単に因果的出来事としてだけ解釈されるのではないような帰結を世界の中で生じさせるのであるが、しかし同時にそうした帰結は、いかなる個人行為者の責任にも帰することはできないのである。ヘーゲルとマルクスは、いずれもフィヒテの事行という概念の伝統の中にいるので、それに伴って、次のような問題も共有している。つまりそれは、いかにしてこのような見解が、彼らの行為についての哲学的構想の中で解明され得るのか、そして彼らの市場批判において評価され得るのかという問題である。

　人間は根本的に行為から自分を把握する。それゆえ私たちは常に、私たちが意図の実在化あるいは目的の実在化を解釈として意味のある仕方で見出すようなレベルのために、こうした超個人的レベルに定位している行為者を想定するよう誘われる。——これは、すでに私たちの記述的な諸命題の文法によって明らかとなる。そのヴァリエーションの一つが「理念」であり、それはマルクスがヘーゲルの形而上学において批判するものである。しかし、マルクスが文学的な筆致で導入している「自動的な、おのれ自身において過程を進行する主体」としての資本もそのひとつである。(12) 決定的な問いは、この見解は、いかにして哲学的に解明され得るのか、というものである。〔「自動的な、おのれ自身において過程を進行する主体」という〕そのような記述において問題になっているのは、複合的な理論を用いれば個人としての行為者やその個々の行為に還元可能であるような、省略的な語り方なのだろうか、あるいは超個人的な社会制度を、目的を実在化するメガ主体として解釈することは意味のあることなのだろうか、もしくはそれは不可避なことでさえあるのだろうか。

　マルクスは、ヘーゲルが理念について語っているとしてもそれは、超個人的な行為者を含意するものであると解釈している（これが、マルクスが「ヘーゲル哲学は神学の一形式であるという」フォイエルバッハのテーゼに賛成した理由のひとつであった)。(13) その際、多くの解釈者たちはマルクスを同様に次のように理解してきた。

---
(12) MEGA² II, 5, S.109.〔『初版　資本論』、153頁〕マルクスは『資本論』のすべての版でこの定式化を用い続けており、それは標準的テクストとなった第一巻第四版でも依然として見られる。
(13) この点については Quante (2010) を参照。

それは、彼が意図せざる協働の帰結の合目的性というレベルに訴えるときには、参加者の背後でそれ自身の目的を追求するメガ主体が想定されているというものである。その場合、理念、あるいは資本、あるいは何らかの他のメガ主体が、自分の目的を追求し、それにあたって人形遣いが人形を操るように人間という行為者を操っているというイメージは、社会哲学における全体論の考えられ得る限りの形態の中で、体系的に最も説得力のないヴァリエーションである。この読み方は確かに影響力を持っていたが、たいていの場合は同時に——ヘーゲルとマルクスどちらについても同様に——不名誉な解釈であった。[14]

　哲学的に完全に擁護されることを前にして、ヘーゲルあるいはマルクスの構想のそうした解釈を適切だと見なすこともなければ、そのような全体論を説得力のある構想だと見なすこともしないのだとすれば、そこにはなるほどひとつの問題が生じる。それは、こうした前提のもとでは社会的なもののこうした超個人的レベルをなおも合目的的な志向を持つものとして記述することをあきらめなければならないのではないかという問題である。しかし、こうした帰結を伴うひとつの解釈は、それがよりシステム理論的に機能主義的な語り方で述べられていようと、より一般的に機能主義的な語り方で述べられていようと、問題を覆い隠すだけである。つまり、こうした解釈は——例えば進化についての私たちの日常的な語りのように——志向的説明を帯びているにもかかわらずそれを隠しているのか、あるいはこうした解釈は、明示的に因果的帰結について語ることに自己を制約しており、徹底してその都度志向的なものを思い出させるものを避けているのかどうかなのである。しかし、そのように〔志向的説明を〕取り除いてしまうと、社会的なものが制度として構成されていること、つまり社会的なものの構成的なデザインがもはや顧みられなくなってしまう。残されているのは、心的状況を伴う個人行為者、その身体運動、因果的相互作用およびそこから帰結する状況だけだということになる。残りは、単なる機械論（あるいは統計学）であり、それによって社会的世界は真正な妥当現象としては消し去られてしまうことになるだろう。こうした道のりは、私の考えでは現象的に説得力のない、哲学的にほとんど見通しのないものであり、ほんとうの体系(システム)的挑戦と向き合うためには、こうした道のりを採ろうとしてはならない。

---

(14) この点については Quante（2011）第12章を参照。

市場という制度を、ヘーゲルとマルクスが行ったように解明するならば、市場がこの問題のひとつのヴァリエーションを示していることが分かる。ヘーゲルもマルクスも、市場という出来事を次のような諸行為者がもたらす帰結として理解している。つまり、第一歩目では自律的な私的所有者として自分を理解し、第二歩目で、相互行為に突入するような行為者である。したがって、市場という出来事は制度的にはめ込まれた相互行為であり、それゆえ前もって計画されて生じたものではない。にもかかわらずそこから何か合目的的なものとして解釈可能なものが生じる。これを本来的に価値を持つものとして理解するのか、規範的な内容を持つものとして理解するのか、さらには福祉を促進するだけのものとして理解するのかは、ここでは決める必要はない。(15) しかし〔市場に〕参加している行為者にとっては、個人のレベルでそこからなにか非常に否定的なものも生じうるのである。ヘーゲルもまたこうした理由から、新自由主義的な市場礼賛者ではなかった。彼もまた、この社会的編成によってシステム的に不幸な状態が生産され、個人が市場で生じることの帰結のもとにひどく苦しむことになり得るのだということをすでに知っていたのである。ヘーゲルが、市場がもし何の妨げもなく進行するに任されるとしたら、すべての参加者にとって最高のもの、あるいは可能な限り最高なものをさえ生み出すという見解を持たなかったのは、素朴にそうであったわけでもイデオロギー的に駆り立てられたからでもない。しかしヘーゲルは市場を単純に否定的なものとしてだけ、そして消去されるべき社会現象として評価していたわけでもない。(16) 哲学者として彼は二重の課題の前に立っていた。つまり、行為の個人主義的な解釈と、この〔市場という〕超個人的な合目的的出来事を行為論的にどのように概念化し、どのように規範的に評価すればよいのかという課題である。

> 「特殊性は、まずは意志一般の普遍に対して規定されたものとしては、主観的な欲求である（第6節）。この主観的欲求が、その客体性つまり満足に達するのは、α) 他者の欲求や意志の所有および生産物でもある外的なものという手段を通じて、およびβ) この両側面を媒介するものとしての活動と労働を通じてである。この主観的欲求の目的は主観的特殊性の満足であるが、他者の欲求や自由な思惟との関係においては普遍性を主張しなければならないので、こ

---

(15) 市場がヘーゲルの客観的精神の概念の中で実在化している規範的内容については Schmidt am Busch (2007)。
(16) この点については、Ellmers (2015)。

のように理性性がこうした有限性の領域に映現するということが悟性であり、それは、欲求が考察においてそれに依拠し、この領域そのものの内において和解を生み出すものをなす側面である。

　国民経済学は、こうした観点から出発する学問であるが、しかし次には、集団の行動と運動とを、その質的かつ量的規定と錯綜性という仕方で呈示しなければならない学問である。——これは、近代という時代に、その時代を基礎として成立した学問のひとつである。その発展は、いかに思想（スミス、セイ、リカードを見よ）がまずはその思想の前にある無限に大量の個別性から、事柄の単純な原理を見出し、この事柄に作用しており、それを支配している悟性を見出すのかという興味深いものを示している。——一方では、この事柄の中にあり、作動している理性的なものの映現を欲求の領域の中に認識するということは、和解をもたらすものであるが、それと同様に反対にそれは、主観的な目的と道徳的考えを持った悟性がその不十分さと道徳的腹立たしさを暴露する領野でもある。」(GW 14.1, §189)〔『法哲学』、第189節〕

　この『法哲学』の第189節でヘーゲルは、二つのレベルでこの問題と対決している。いつものようにこの節の註解では、概念的展開が実行されているのではなく、ヘーゲルの意志構造の展開にとってその都度のコンテクストをなしている事柄に関する問いへの参照がなされている。この註解でヘーゲルは、国民経済学が、市場現象と自分の理論形成の悟性的、個別科学的記述のレベルで発見したものが、彼の論理的カテゴリーという手段によって彼の社会哲学の枠内で解明された解釈とどう関係しているのかを問うている。(17)彼の解答は、国民経済学と市場の哲学との関係に関連して、この第189節で次のように強引に一言でまとめられている。[訳注1]

---

(17) その背後には次のような一般的な問いが隠れている。つまり、ヘーゲルによる現象解釈は、彼の思弁哲学の枠内において、この現象の個別科学的な記述とどのように関わるのか、という問いである。「観察する理性」を扱う『精神現象学』の有名な章で、彼は例えば頭蓋骨研究を笑いものにしているのではなく、この学問領域が、その手段を用いて精神的なものについてどのような意義のあるものを見出しうるのか、という真面目な問いを立て、どこにそのような考察の限界があるのかを規定しようとしているのである。その際ヘーゲルは、いかにそのような考察が精神的なものの哲学的理解に関わるのかを明らかにしようとしている。こうした問いはすべて、私たちが今日、領域横断的に研究を行い哲学者として自然科学者と理解し合おうとするときに、答えなければならない問いである。ヘーゲルは、こうした複合的問いに、きめ細かな解答を展開している。この点については、以下の私の分析を参照。Quante (2011), 第4〜6章。

[訳注1] 以下でクヴァンテは、上の引用を一文ずつ検討している

「国民経済学は、こうした観点から出発する学問であるが、しかし次には、集団の行動と運動とを、その質的かつ量的規定と錯綜性という仕方で呈示しなければならない学問である。」

ヘーゲルによれば経済学がそのように振る舞うのは、一貫しており完全に正しい。なるほど経済学は、哲学ではなく、他の目的、他の認識目標、他の方法を持っている。したがってそのかぎりでは何の問題もない。しかし、この箇所にダッシュが挿入され、ヘーゲルは次のように続けている。

「これは、近代という時代に、その時代を基礎として成立した学問のひとつである。その発展は、いかに思想（スミス、セイ、リカードを見よ）がまずはその思想の前にある無限に大量の個別性から、事柄の単純な原理を見出し、この事柄に作用しており、それを支配している悟性を見出すのかという興味深いものを示している。」

ここで言われているのは、帰納に基づく一般化であり、特定の種類の法則性を見出すことである。ここには、ヘーゲルが悟性に帰属させる特定の説明モデル、特定のカテゴリーの集合がある。次にヘーゲルはレベルと対象を変える。

「一方では、この事柄の中にあり、作動している理性的なものの映現を欲求の領域の中に認識するということは、和解をもたらすものであるが、それと同様に反対にそれは、主観的な目的と道徳的考えを持った悟性がその不十分さと道徳的腹立たしさを暴露する領域でもある。」

理性性、それは経済学の対象でも方法でもない。それは、哲学の真正な関心事である。ヘーゲルが言うには、もし人が、哲学者として国民経済学、市場、市場理論を解釈するとしたら、そのときには、そこで、この行いと営みの中に理性性の「映現」を認識するという深い満足を見出す。これが、〔市場という〕出来事の哲学的解釈であり、それはいかなる個別科学的解釈でもない。哲学者は、悟性が把握するものの背後に、さらに何か別のものを見るのであり、それをヘーゲルは理性性の映現と呼んでいるのである。

同時にヘーゲルは、この対象領域が悟性によっても正しく扱われていることを認めている。[18]これによって、パースペクティヴの交替と拡張が行われている。なぜならいまや、経済学者のことが無制約にあるいは第一義的に考えられているわけではなく、この出来事に参加する有限な個人のことがその行為者のパースペクティヴで考えられているからである。ここで問題になっているのは

> 「主観的な目的と道徳的考えを持った悟性がその不十分さと道徳的腹立たしさを暴露する領野」

である。これによって私たちは、個別科学的観点、参加する主体の観点、哲学者の思弁的観点を一つの文の中にまとめて押し込んでいることになる。ヘーゲルがこれらのパースペクティヴを哲学的に特定の関係にもたらす際の結節点となっているのは、「悟性は理性性の映現〔仮象〕である」という彼の発言である。この解釈は、この節の本文によっても裏付けられている。その冒頭では、論理的規定を引き合いに出すヘーゲルの『法哲学』に特徴的な命題が登場する。

> 「特殊性は、まずは意志一般の普遍に対して規定されたものとしては、主観的な欲求である（第6節）。この主観的欲求が、その客体性つまり満足に達するのは、α）他者の欲求や意志の所有および生産物でもある外的なものという手段を通じて、およびβ）この両側面を媒介するものとしての活動と労働を通じてである。」〔同前〕

この箇所で私たちは、ヘーゲルの行為論を手にしている。この箇所で私たちは、主観的欲求が、普遍の特殊であり、普遍が意志の理性性であることを知るのである。行為の実現に相互行為と物質的生産物とが必要とされることなどについてはすでに示されている。この命題は共同行為を、個人的行為者たちの個別的で特殊な目的を成就することとして論理的に特徴付けている。この個人行為者たちは、同時に合理

---

[18] これには以下のテーゼが結びついている。経済学的現象の個別科学的取り扱いと哲学的取り扱いは、外延を割り振ることによって、学問領域として区別されてはならない、というテーゼである。それゆえ、その帰結としてヘーゲルのやり方は、方法論的かつカテゴリー的に構築された悟性と理性との区別をも目指している。

的な存在者として普遍的な理性性にも参画しているのである。そうだとすると、次の命題は、私たちの現在の問いにとって重要である。

> 「この主観的欲求の目的は主観的特殊性の満足であるが、他者の欲求や自由な思惟との関係においては普遍性を主張しなければならないので、このように理性性がこうした有限性の領域に映現〔仮象〕するということが悟性であり、それは、欲求が考察においてそれに依拠し、この領域そのものの内において和解を生み出すものをなす側面である。」〔同前〕

## 6.3　ヘーゲルとマルクスの間の差異の深層構造

　ヘーゲルは、どのようにこのレベルの区別とパースペクティヴの区別を彼の市場の解明の中で構成しているのだろうか。彼は、本質、現象および仮象といった形而上学的カテゴリー、そしてまた悟性と理性の区別を二つの方法論的戦略として用いながら自らの構想を展開している。さらにこれに加わるのは次のようなヘーゲルの神学的想定である。それによれば、低次の形式は、複合的な全体を暫定的に明らかにするか、あるいはそれが分出させられたものであり、それらは、哲学的観点では存在論的に堅固な地位は持たず、ただ一側面、一部分としての機能しか持たないのである。ヘーゲルは、こうした形而上学的な構想とともに、理念をもろもろの行為者と並び立つ固有の行為者とはしない。彼は理念を――私はそう主張したいのだが――個々のパースペクティヴの背後で総体としての理性性をとりまとめている文法として理解している。とはいえこの理性性は、哲学的解釈においてのみ認識可能なのであり、個別科学的解釈においては認識可能ではないのである。

　これに加えてさらに、ヘーゲルは二つの部分からなる規範的解答を用意している。第一に、精神の尊さ（ディグニティー）は個々の個人の尊厳の中に生じるのではなく、その社会性への貢献、理性の普遍性への貢献によっても構成される。ヘーゲルは、自律の現実的な担い手は、社会的諸制度の理性的に構成された編成であり、個々の個人でもなければ、もちろんその個々の行為でもない、と考えている。彼の意志概念によれば、このことは、私たちの人格的尊さが、理性的に組織されたポリスのよき市民であることに依存しているということに由来するのであり、何よりもまずポリスが、人格的自律を実現することを可能にするのである。社会的なものは、個人の自己実現の

単なる道具ではない。私たちの個人的な自己実現はむしろ善の実現の本質的な一部分である。そしてこの善は最終的には、類（あるいは普遍）のレベルに定位されなければならない。[19] ヘーゲルによる第二の規範的な指し手は次のようなことを示す点にある。つまり、個人行為者のパースペクティヴにおいては明らかにならない承認構造によって実現され得るような編成を制度的構成の中に見出すことができるということである。

　市場に関連づけながら、ヘーゲルは「相互行為のこのようなあり方において何か人間にとって本質的なものが示されている」と主張している。一方で、ここで明らかになっているのは、私たちが個別存在者としては欠如をはらんでおり相互行為を必要としているのだということである。他方でヘーゲルは、こうした〔相互行為への〕依存に価値評価的次元を位置づけている。この次元は、自由意志の完全な実現に還元不可能な仕方で含まれているものである。なるほどここで問われなければならないのは、この価値評価的次元は、ただ市場の編成によってしか、そして市場の編成においてしか実現され得ないのかどうかである。市場という出来事に特徴的な人格の尊重というあり方は、場合によっては他の編成によっても実現され得るのだろうか。もしそうだとするなら、市場はヘーゲルの意志概念および承認概念の必然的な構成要素ではなく、ただその諸契機のいくつかが十分に実現されたものに過ぎないのだろうか。なるほどもしヘーゲルが、個人の尊重のそのような実現が、ただ市場を通じてのみ生じるということを示すことができるのだとしたら、そのときには、たとえ、別の価値が、このサブシステムを制度的に抑制する必要があるということがあり得るとしても、そのようなシステムは、有限な存在者にとっての完全な自律概念の一部をなすことになるだろう。これは、すでにヘーゲル解釈に関わる興味深い問いである。

　マルクスは基本的にヘーゲルと同じ概念的枠組みを用いているのにもかかわらず、こうした複合的問題に対する彼の解答は、〔ヘーゲルとは〕異なったものとなっている。マルクスにおいては、社会領域の構造を統制するのは理念ではなく、自動的主体としての資本である。機能的に見れば、構造の全体は広汎な等しさを示している。つまり、マルクスにおいても、資本そのものを真正な行為者として理解するという解釈に容易に行き着く。マルクスにおいても、システム的な相互行為のレベ

---

(19) この規範的な確信は、例えば政治哲学における契約論的構想に対するヘーゲルの批判の基礎となっている。そこから帰結する体系的問いについては Siep (1992) 第15章を参照。ヘーゲルの構想全体の思想史的背景については Siep (2015) を参照。

ルにおいて目的の実現が存在しており、彼によればこれは、欠陥のある行為様式として記述することができるのである。それゆえ彼は、自動的な主体についても語るのである。

　マルクスが、「自動的主体」について語ることは、ヘーゲルの理性性 - 悟性 - 歴史へのマルクスによる解答として解釈することができる。なぜなら、自動的国家、機械は、社会的なものについての悟性形而上学なのだからである。[20] マルクスによれば、資本主義は私たちにとって人間の類的本質の実現の後退段階なのであり、また機械論的啓蒙国家は本来的に社会的なものの貧困化なのである。[21] その場合、「自動的」は、「有機的・生命的」に対置されているのであるが、それは生物学的な意味においてではなく、理性的統一、具体的総体性という意味における「有機的・生命的」を意味する。マルクスは――それが私の解釈上の提案なのだが――彼のイメージを用いてこの意味論的文脈を呼び起こしている。その際、彼はたしかにヘーゲルと理論枠組みを共有しているが、しかしそれを全体構造を理性的な統一や客観精神に適した解決とは見なさず、ただ、人間の類的本質のもっとも極端な分裂と疎外として理解する。この中には、決定的な価値転換が含まれている。つまりそこでは、形而上学的レベルにおかれた対立が再び規範的レベルにおいて呼び出されているのである。それはヘーゲルにとっては、理性性の映現〔仮象〕である。マルクスにとってそれは、悟性的自動機械としての倒錯した理性性である。規範的レベルにおいてマルクスは、「自由、平等、所有、ベンサム」を顚倒した規範として批判する。[22] この批判それ自体、規範と関係のないものではない。マルクスはむしろ、この批判を疎外された規範と見なす。この規範に彼が対置するのは、彼の疎外されざる類的本質の概念である。市場は彼にとって、私法的に理解された規範性の十全たる履行なのであり、それによってまた正義の義務論的道徳の履行なのであるが、彼は、そうした彼の市場批判の中で人間学的に基礎付けられた倫理に依拠している。この倫理の骨格を彼

---

(20) ここで思い起こしておきたいのはまさに、国家が機械に喩えられているいわゆる「ドイツ観念論最古の体系プログラム」の有名な一節である（GW 2, S.615参照）。このテクストの著者が誰なのかは確定していないにせよ、やはりヘーゲルにとっても機械の隠喩が国家に関する批判的な言い回しとして存在していたことが示されている。

(21) 市場が社会的なものの縮減された実現にすぎないということは、ヘーゲルが必要国家・悟性国家について述べる際にも言われている（GW 14.1, §160）〔『法哲学』、第160節〕。この点に関する最近の議論としては Vieweg 2014。

(22) $MEGA^2$ II, 5, S.128〔『初版　資本論』、190頁〕。この定式化は『資本論』第一巻のすべての版に見出される。

は1844年の「ミル評注」において描いていた。これによってマルクスはとりわけ市場を批判しているというだけではない。彼は、より基本的なレベルで、交換取引と交換のための生産の自己道具化を批判しているのである。このメタ批判が、マルクスにとっては、人間学的に基礎づけられた道具化及び自己道具化批判の必然的な帰結であったと推測することもできよう。

　これにともなってマルクスに関して、二つの関連する問いが生じてくる。第一に考察されなければならないのは、マルクスによってより基本的なレベルで診断された欠点を示すことのないような種類の市場を構想することはできないのかということである。そのようにして構成された市場が特定の協働問題に対する支持可能な解答であることは可能なのだろうか。マルクスによって同定された疎外問題が、そのような市場メカニズムのあり方の中に必ずしも含まれていないということが示されうるのだとすれば、市場のそのような形態はマルクスの批判と両立し得るということになろう。そうすると第二に解明されなければならないのは、もしマルクスの疎外概念が、それが人間にとって原則としてあまりに過大な要求だという理由で、哲学的理由から拒否されなければならないのだとしたら、マルクスの資本主義批判から何が帰結するのかということである。明らかにされなければならないのは、このように論証を進めることで、自動的に、マルクスの市場批判のすべての局面が無効になるのか、あるいはこれは確かに必然的な条件であるが、市場を哲学的に受容するための十分な理由とはならないのかである。なるほど、原則として疎外を許す概念に基づいて、市場を他の特別な指標に基づいて拒否する、あるいはそれが耐えられないほどの疎外を引きおこすがゆえに拒否する、ということも考えられる。特定の疎外経験が人間の生活形式に否応なく属するという実在論的な想定の下でも、ひとはおそらく特定の種類の疎外を、あるいはあまりに大きすぎる疎外を許そうとはしないだろう。

　マルクスの哲学的人間学にはオール・オア・ナッシングの二者択一が書き込まれているように思われるとしても、疎外に関して体系的にいえば、私たちはそうした二者択一を迫られているわけではない。ヘーゲルの解答は段階論的な疎外概念を含んでいる。これに関しては、彼の意志論が「市場は承認の実現の不可避の契機である」というテーゼと結びついているのかどうかがまだ明らかにされなければならない。これは、ヘーゲルが、たとえ「市場は承認の十分な実現である」ということを

示したとしても、依然として妥当なものだろう。

　マルクスに関していえば、立場はより複雑である。彼は、完成主義的に人間学的倫理を用いているだけではなく、自分の市場批判を自律の喪失として説明してもいる。そこで基礎におかれている自律の概念は諸刃の刃である。なぜならこの概念は、私法的所有者という意味でも、あるいは個人的真正性という意味でも理解できるものだからである。さらに、この自律概念は、完成主義的契機と義務論的契機を同様に含む歴史を持っている。マルクスにおいては立場がいつもはっきりしているわけではない。そしてヘーゲルに関しても、彼が『法哲学』においてカントあるいはフィヒテに由来する純粋に義務論的自律概念を用いているのかどうかについて、私は完全に自信を持って言えるわけではない。むしろ私は、たびたびそう受け取られるようにヘーゲルとマルクスはここでも近い立場にいると推測している。それは、彼らがいずれもフィヒテとアリストテレスの総合を成し遂げようとしていたのだからである。

　マルクスによれば、賃労働者は市場の成り行きに委ねられているので、その自律は、システム的に掘り崩される。そうした彼の第二の規範的批判戦略も、ヘーゲルと大きくかけ離れたものではない。マルクスは、彼の批判において自給自足の理想を呼び起こし、ヘーゲルが彼の賤民（ペーベル）の分析において語ったことと多くの点で合致する承認の喪失を指摘している。そこには、原理的あるいはカテゴリー的な相異は見出され得ない。

　マルクスの後の著作では、さらにこれらの基準を実在論的に制限しているのが見出されるが、それは、彼の対極的な疎外概念に適切に合致するものではない。労働は遊びにはなりえず、いつも不自由と辛苦を意味しなければならないということは、おそらく、マルクスが1844年の著作で展開した疎外概念を暗黙の内に自ら修正したものであろう。[23] しかし1844年の疎外概念は、どの時点においても完全に彼の思考から消えてしまうことはなかった。むしろそれは、行為論と哲学的人間学の根本概念に概念的に根を下ろしている。マルクスは、複合的な社会構造の現実に合うよ

---

[23] 例えば「フーリエが望んだようには、労働は遊びになることはできない」と『経済学批判要綱』で言われている（MEGA² II, 1-2, S.589）〔『経済学批判要綱』、II、499頁〕。そして『資本論』の第3巻ではマルクスは次のように述べている。「自由の王国は実際、必要と外的合目的性によって規定される労働が止むところではじめて始まる」（MEGA² II, 15, S.749）〔『資本論 第3巻』、1440頁〕。

うに彼の類形而上学を解釈し直そうとしていたのであるが、それによってどこかの時点でこの類形而上学を完全に放棄するようなことはなかった。しかし、基本的には個人と社会性の制度的媒介を許さない彼の哲学的構想は、一見まさにこうした強い要求を強いるものであるように思われるのである。

　もしこうした解釈上の見解が正しいのだとするならば、解釈者たちは皆、マルクスの構想のどの部分を体系的理由から断念し、どの部分を生産的に継承するのかを決定しなければならないことになる。その場合に重要なのは、次の二つの問いを分けて考えることである。

（ⅰ）（類的本質、行為理論、疎外概念および承認概念を含む）マルクスの構想は、原理的に、社会的協働の意図せざる帰結を、個人かつ類としての成功した自己実現として認めるのか否か。
（ⅱ）（人間の場合の）個体〔個人〕と類との関係のマルクス的概念は、集合的諸目標を確認するにあたって調和論的イメージを強いるものであるのか否か。

　これらの問いは完全に相互に無関係であるわけではない。なぜなら、一方の問いへのどの解答も、他方の問いへのどの解答とも両立することになるわけではないからである。おのずとこの問いには複数の有意義な解答の組み合わせが可能なのであるが、しかしながら、私は本章でそれをこれ以上追究することはできない

## 6.4　展望

　本章の議論を要約する形で、市場に関する、そして意図せざる副作用を自己実現の有意義な形式として認めるかどうかという問いに関する、ヘーゲルとマルクスの相異について、三つのレベルで確認することができる。
　本章の主要な問いへの第一のもっとも単純な解答は、ヘーゲルとマルクスの間にある差異は、ただ戦術的・政治的なものであるというものである。一方〔ヘーゲル〕は、私たちは道徳的および法的規範に基づいて社会哲学的に展開され得る市場の押さえ込みを実現することができると信じている。それに対してもう一人〔マルクス〕は、市場行為を通じて諸個人に浸透することになる確信は、他のいっさいの規範的確信体系を侵食することになるので、市場を押さえ込むことはできなくなると信じ

ている。一方でヘーゲルが、市場現象の特定の局面との内的連結および包括的な制度的枠組みを通じて〔市場の〕規範的押さえ込みを行うことができると考えていたのに対し、他方でマルクスは、生産手段の私的所有と賃労働に刻印されたパラダイムから完全に脱却しなければならないという結論に到達したのである。マルクスは政治的活動家としては、労働者の状況の改革と改善をすべて支援していたが、そのような改革が根本的な人間の実存問題を解決することにはならないということをいつも強調していた。そうだとするならば、生じてくる問いとは以下のようなものである。つまり、私たちはこの不快な状況でなんとか生きていかなければならないのだろうか、それともこのような物化され自己道具化された相互の関わり合いが消滅するような世界を夢見てもよいのだろうか。そしてさらにこれと結びついている問いはもちろん、こうした世界は制度的にどのような形をとることができるのだろうかという問いである。

　第二に、規範的レベルにおける問いは、個人の自己実現を大部分、類の実現への個人のはめ込みの中に置くのは危険な考えではないかというものである。ここで浮かび上がっている危険性は、多くの理論家に、完成主義的な構想を実践哲学から総じて排除させるきっかけとなったものである。それに対して私は次のテーゼを主張したい。つまり、問題をあますところなく総じてその深みにおいて可視化し得るためには、完成主義的な倫理の枠組みにとどまらなければならないというテーゼである。これを基礎としてはじめて、ヘーゲルあるいはマルクスのこうした分析を継承することができるし、そもそもそうした分析の根底にある問題の理解に取り組むことができるのである。道具化を原理的に逃れるようなものが、人間の実存の特定の関係や行為において本質的に基礎づけられたものとして存在しているのかどうかが明らかにされなければならないだろう。こうした実践が利己主義的な交換論理に従わせられるのだとするならば、どこで、そしてなぜ、こうした実践の利己性は破壊されるのだろうか。こうした規範的な問いに関して、両者の違いがどこにあるのかを検討したが、それは私にははっきりとしたものにはならなかった。なぜならヘーゲルとマルクスはそれぞれ、両方の側面をその構想に取り込んでいたからである。ヘーゲルは規範的に利己的な領域において彼の法哲学を構成しているし、マルクスは、教養形成(ビルドゥンク)という観念論的な理想を共有している。この理想は、根本的に個人主義的な自律概念と連帯的な類形而上学を同程度に統一するものである。

　第三に、おそらくここで基礎にあるのは〔ヘーゲルとマルクスの〕形而上学的な

相異である。ヘーゲルは、彼の論理学の諸原則に従って組織されたきわめて複合的な構想において、個別的で自律的な個人の普遍との関係を客観的な精神の理論として展開した。それに対してマルクスは、そもそもはっきりとこれについて述べていないとはいえ、たいていの場合、この関係を生物学的な類の個別的な個体との存在論的関係に還元している。ヘーゲルは、〈個人としての私〉と〈共有された生活形式としての私〉の間の関係は、制度にはめ込まれることで部分的に奪われてしまっており、この関係を媒介することが、自律的個別性の媒介的役割であると考えていた。しかしマルクスは、彼がフォイエルバッハから引き継いだ近接領域についての直接的な直観のために、この自律的個別性の媒介的役割を解消する。同時にその際マルクスが、個別的な個人という強調的概念を用いるときには、それを私的で普遍的な教養人として理解させようとしている。そのとき彼は、ヘーゲルがそうであったよりも本質的に個人主義的である。マルクスの思考には二つの傾向が媒介されずに並んでおり、くり返し相互に反転し合っている。つまり、個人主義的な自由の強調と直接性の強調という二つの傾向である。このどちらもが、ヘーゲルが『法哲学』において提起していた、安定化の全社会的媒介形態を認めることを総じて妨げている。最終的にマルクスにとって、そうした諸形態はいつまでも続く〔市場の〕修復の症候でしかありえない。なぜなら、基本的な問題は〔それによっては〕解決されていないからである。

　この問題がそもそも解決可能であるのかどうか、私たちは宥和という理念と決別した方がよいのではないかという問いに対する解答は、全体としての〔ヘーゲルとマルクスの〕区別をなしている。最終的に私たちは、ヘーゲルにおいてもマルクスにおいても決定的な解答を見出すことはないだろう。彼らはいずれも、類似した問題と格闘しているが、それはこの問題が近代社会の問題であり、そのことによって最終的には私たちの問題でもあるからである。哲学史からのみ理解可能な根本的な差異があるが、それは、絶対的精神を客観的精神に解消しようとするヘーゲル左派的、宗教批判的試みである。ヘーゲルにおいて和解は最終的には絶対精神の個人的かつ社会的に共有された自己解釈の中だけにその場所を持つ。しかし、この自己解釈を人間の表出的自己記述の実践として理解することが可能である。それは人間が、有限な主体であるが故に、客観的精神の領域において逃れがたく晒されている疎外を押さえ込むのに役立つ。マルクスはこの和解を、客観的精神の内に、つまり社会

的世界の内に導き入れようとした。その際範型的モデルとして彼に役立ったのは、宗教的表象の人間学化［Anthropologisierung］を伴ったフォイエルバッハの宗教批判である。このことによって、哲学的-人間学的と呼んでもよい理由から、個人と社会制度に永続的に過大な要求がなされることになるということにも根拠がないわけではない。それでもヘーゲルには、客観的精神は有限であり、妨げられ得るものであり続けるという彼のテーゼのもっともな理由があるのであり、それは依然として真面目に受け取ることのできるものである。

　しかし目標は、マルクスの構想の規範的な内容からできるだけ多くを客観的精神に移し入れることで救済するために、マルクスによる修正をやはり弱められた形で保持するということであるかもしれない。確かにこれは、「ヘーゲルが絶対精神として考えているものすべてが、社会的なものの領域に移されたときにはじめて、この課題は解決されているのだ」という想定に陥らずに、なされなければならない。さもなければ、私たちはエルンスト・ブロッホのような思想家たちへと導かれることになるだろう。彼らは、最後には、生物学的死さえも、それが疎外の最高の形態であるからという理由で、人間の技術的改造によって克服されなければならないと考えたのである。しかしそうだとすると、遅くともそのときには非疎外のユートピアさえもが技術的疎外に転換しているだろう。技術的疎外は、今日超人間主義〔トランスヒューマニズム〕において言祝がれており、その際、奇妙な仕方で資本主義と一致し続けている。なぜなら、そうした技術的疎外は最終的には個人的市場イデオロギーおよび個人的選好充足イデオロギーに変異するからである。したがってそれは、こうした〔ヘーゲルとマルクスの〕根本的差異とどのように関わるのかに幾分かは関わっているのである。——しかしそれはまた別に論じられるべき問いである。

# 第7章
# ヘーゲル弁証法の止揚

　カール・マルクスによって1867年に出版された『資本論』によって投げかけられる問いのひとつは、「『ドイツ・イデオロギー』でフリードリヒ・エンゲルスとともに、ヘーゲル哲学、いや——間違いであったとはいえ——哲学一般と決別してから20年以上も経ってから、なぜマルクスは、彼の構想の中心的カテゴリーを展開するために、ヘーゲル論理学を用いたのだろうか[1]」、というものである。「論理学は『精神の貨幣』である」というマルクスの注釈は、『経済学・哲学草稿』に見られる。このテクストは、1844年にパリ亡命中に成立していたが、1932年になってようやく公刊された。『資本論』におけるヘーゲル論理学の役割を理解しようとして、初期マルクスのヘーゲル論理学受容を引き合いに出そうとする場合には、必然的に、そこで前提されている、いわゆる初期マルクスの、いわゆる成熟したマルクスとの関係についても何か発言しなければならなくなる。

　本章は、ヘーゲル左派におけるヘーゲル論理学受容を全面的に描こうとするわけではない。それは、ひとつの章の枠組みを超えてしまうというだけでなく、ヘーゲル左派というグループがはっきり規定されているわけではないということに、すでにつまずいてしまうだろう。私の考察にとって重要な著者たちのなかでこのグループに数え入れられるのはその一部であるにすぎない。シェリングがそのメンバーでないのははっきりしている。フォイエルバッハは境界事例であるが、ヘスもそうである。ヘーゲル左派の中心的人物（例えばブルーノ・バウアーやシュティルナーのような）は以下では登場しない。したがって、主として1840年代初頭に生じ、マルクスの思想に中心的であったヘーゲルとの対決の時期へのヘーゲル左派の関与ははっきりしないものでしかない。哲学的著作や理論の受容に関する私たちの今日的基準から言えば、ヘーゲル左派のヘーゲル論理学受容について語るのは、安易な誇張ではないことになるだろう。当時の議論に貢献した著者たちの活動は、〔ヘーゲ

---

(1) 本章において「論理学」はヘーゲルの体系のそれに対応する部門を指し、『大論理学』と記す際には著作としての論理学を意味することとする。

ル論理学を〕もっぱら注釈的に再構成するようなものでも、もっぱら体系的に再構成するようなものでもなかった。ヘーゲル論理学との対決はむしろ彼ら自身の理論プログラムの一部であり、原則として、彼らの対決の対象にふさわしいものとはならないような前提によって刻印されていた。さらに、この受容には、ヘーゲル論理学だけでなく、彼の『精神現象学』も関係しているが、いかにしてこのヘーゲルの二つの著作が体系的に互いに関係し合っているのかということについてはさしたる検討がなされることもなかった。

それゆえ本章が目指すのは、ヘーゲル左派におけるヘーゲル論理学の完全な受容史を提示することでもなければ、そこで提示される解釈に、事実として適切なヘーゲル論理学解釈を対置することのうちにあるわけでもない。[2] つまり、簡潔に言えば、以下で問題となるのは『大論理学』の適切な解釈ではない。

私の考察の、このように非常に控えめな目標はむしろ、カール・マルクスがヘーゲル論理学を受容し、ヘーゲル論理学を必要とする二つのあり方を区別し、そのそれぞれの背景をより適切に理解するというものである。これは、彼の経済学(ポリティカル・エコノミー)批判をよりよく理解することに、そして、マルクスの論理学受容が彼自身の理論プログラムに対してどのような帰結を持っていたのかを少なくともテーゼ形式で明らかにするのに役立つはずである。

こうした二つの目標を達成するために、第一に私は、マルクスがヘーゲル論理学を必要としたことにとって体系的な意味を持つヘーゲル左派の論理学受容の中心的な思想モデルと動機を手短に素描する(7.1)。続いて、マルクスにおけるヘーゲルとの対決の二つの主要段階を扱う。つまり、『経哲草稿』(7.2)および『資本論』(7.3)である。そこで、これに続いて、この両著作から体系的に整合的な立場が可能であるかどうかという問いを扱う(7.4)。最後のまとめとして、私は展望という仕方で、ヘーゲル論理学の中心的な構成要素を批判的に受容し批判的に摂取したことから生じるマルクスの理論プログラムにとっての帰結を挙げることとしたい。

---

(2) ブルクハルトによる、ヘーゲル論理学に関する同時代の書評の再検討はシェリングから出発してはいるが、青年ヘーゲル派あるいはヘーゲル左派の著者たちについては考察していない (Burkhardt, 1993)。

## 7.1　ヘーゲル左派のコンテクスト

　ヘーゲルの死後シェリングは、遺稿として残された『近世哲学史講義』において、彼の聴衆にヘーゲルの体系を提示し、それを批判している。ヘーゲル論理学に関してこの批判において重要なのは以下の三つの点である。第一にシェリングは、ヘーゲルの体系の全体的な建築術を次のように解釈している。「ここでは、一つの哲学部門、つまり理念的な部門としての論理学が、実在的な部門である他の部門に対置されている」(Schelling 1985, Band IV, 552)。それに伴って、論理学-自然哲学-精神哲学という段階からなるヘーゲル体系の三段階構造から、論理学が実在哲学に対置される二元論的理解が生じる。シェリングはこうした解釈の歩みを次に進めながら、この二元論を先鋭化させる。「しかし概念には、単に感性的な実在だけでなく、実在一般が、つまり感性的実在も超感性的実在も両方が対置されている」(Shelling 1985, Band IV 558)。これによって、ヘーゲル論理学を一切の実在性に対立する否定的なものと見なす解釈が確立されている。シェリングはこの解釈を――それがヘーゲル左派に非常に大きな影響を与えたのだが――「思弁神学」と呼んだのである[3]。シェリングは、論理的なものは確かに「それなしには何も存在し得ないようなものとして」明らかになるが、しかし「すべてがただこの論理的なものによってのみ存在するということ」(Schelling 1985, Band IV, 559) はそこから導出され得ないということを示唆することで、ヘーゲルの存在-論理学を批判している。しかしそれだけではなく、彼は、宗教と神学の内容を哲学的に止揚したのだというヘーゲルの主張も、ヘーゲル論理学自体が、その理論類型と主張からいって、神学の一形態であるという仕方で解釈するのである。

　シェリングの講義がミュンヘン以外でも受容されていたのかどうかは私には分からない[4]。フォイエルバッハが1839年と1843年に、非常に注目を集めたテクストで

---

(3) Schelling (1985), Band IV, 560を参照。「ヘーゲル論理学の主要な意図――そしてその点をそれはとりわけ鼻にかけているのだが――はそれがその最終的な結果としては思弁神学という意義を受けとるのだということである」。
(4) ルーゲは、シェリングのベルリン講義を確かに「古いミュンヘン産の品物」と呼んでいるが、しかしこの発言はあまりに曖昧で、そこから直接事柄としての連関を引き出すことはできない。Ruge (1847), Band 6, 22を参照。

提示したヘーゲル批判も、影響力の大きな体系的類似性を示している。つまり彼はヘーゲルを「ドイツのプロクロス」そしてヘーゲル哲学を「合理的神秘主義」と見なしただけではない。彼は、ヘーゲル「論理学」が「理性と現代にもたらされた、論理学となされた神学である」と〔主張していると〕いう点でもシェリングと一致している。フォイエルバッハの理解では、ヘーゲルの体系において論理学と実在哲学は橋渡しできない対立によって分かたれている。つまり彼によれば、『大論理学』の最後で、ヘーゲルによって提示された移行は、確かに「絶対的な自己外化」として把握されているがしかし、実在哲学は「思想の他在ではなく思想の他在についての思想から」始まっているのだから、完全に思想という媒体の内部にとどまっているのである。〔さらにフォイエルバッハによれば〕ヘーゲルは確かに物そのものを把握しようとした。しかしそれを「物の思想において」行ったのであり、それゆえヘーゲルは「思考の力を過剰に引き延ばす思考者」として理解されなければならない。こうした理由から〔フォイエルバッハによれば〕現実性への「理念の外化」は、「一つの表象であるにすぎない」。フォイエルバッハにとってそれは神の「受肉」であり、神にとってそれは「本気」ではなく、むしろ神は「芝居をしている」にすぎないのである。そしてフォイエルバッハがさらに続けて述べるには、その「決定的な証拠」はヘーゲル論理学である。フォイエルバッハの結論は、「論理学は」それによって、「思考という境位における思考、自分自身を思考する思想——述語のない主語としての思想、あるいは、主語でありながら同時に自分の述語である思想」となっている、というものである。

　フォイエルバッハは、彼自身の宗教批判に基づいて、自らのヘーゲル解釈に、シェリングにはなかった転換を与えている。「神学の本質は (…)、人間の外に置かれた人間の超越的な本質である」という前提のもとで、「ヘーゲル論理学の本質」は「超越的思考、人間の外に置かれた人間の思考」として理解される。〔彼によれば〕ヘーゲ

---

（5）つまりそれは、1839年に『ハレ年報』に発表された論文「ヘーゲル哲学批判のために」（以下「批判」）、1843年に『アネクドータ』で発表された「哲学改革のための暫定的テーゼ」（以下「テーゼ」）、そして同じく1843年にチューリッヒで刊行された『将来の哲学の根本命題』である。以下ではFeuerbach (1982)の版にしたがってタイトルの略記とともに参照ページを示す。
（6）Feuerbach (1982), *Grundsätze,* 311〔『根本命題』62頁〕, *Kritik,* 53〔「批判」167頁〕und *Thesen,* 245.〔「テーゼ」100頁〕
（7）Feuerbach (1982), *Kritik,* 33 und 45.〔「批判」143頁および158頁〕
（8）Feuerbach (1982), *Grundsätze,* 313.〔『根本命題』65頁〕
（9）Feuerbach (1982), *Kritik,* 40.〔「批判」65頁〕
(10) Feuerbach (1982), *Thesen,* 257.〔「テーゼ」151頁〕
(11) Feuerbach (1982), *Thesen,* 246.〔「テーゼ」100頁〕

ル哲学は、「近世哲学」全体に固有のものである矛盾に特徴付けられている。つまり、それが、「神学の立場における神学の否定、あるいは再びそれ自身が神学であるような神学の否定である」(12)という矛盾である。

　フォイエルバッハが彼のヘーゲル批判から引き出す結論は、以下の３点にまとめることができる。第一に「ヘーゲル哲学は（…）思考と存在の矛盾を脱却しなかった」。第二に、「ヘーゲル哲学は（…）、その全体系が個の抽象行為に依拠していることによって、人間に対して自分自身を疎外している」。第三にそれゆえ、「隠されざる真理、純粋で無垢な真理を」手にするためには、「いつも述語を主語にし、そうして主語となった述語を客体および原理となせば——したがって思弁哲学をただ反転させれば」よいのである。(13)

　〔フォイエルバッハによるヘーゲルの〕こうした評価が、マルクスの自己理解に残した痕跡について詳細に述べる前に、ヘスについても手短に触れておきたい。ヘスは、1840年代初頭のマルクスの思想にとってフォイエルバッハ同様に重要であった。ヘスにとっても、ヘーゲルは「体系の完成」において成功はしたが現実に到達することに成功したのではなかった。理念は「依然単なる理念であるにとどまる」(Hess 1961, 79)〔『ヨーロッパの三頭制』、272頁〕。ヘーゲルによって彼の体系において主張された、思考と存在の媒介過程は「思考する精神、つまり人間に属するにすぎない」。したがって「ヘーゲル哲学という主観的精神行為のこの極致（…）は」、「それが自然を貶めている」「という点で、この精神行為の始まりに、つまり禁欲的なキリスト教に」似ている (Hess 1961, 81)〔『ヨーロッパの三頭制』、276頁〕。こうしたことはすべて、モーゼス・ヘスが哲学者であり、哲学者であり続けたいと思っている限りでは、彼にとってヘーゲルを批判する理由にはならない。「ヘーゲル哲学が、不適切な仕方で見知らぬ領域に干渉しているという点を除いては、ヘーゲル哲学に対決すべきことはない」。ヘーゲル哲学において非難されるべき点はただひとつ、「ヘーゲル哲学は自らの分をわきまえず、献身する術を心得ていない」(Hess 1961, 80))〔『ヨーロッパの三頭制』、273-274頁〕ということだけである。のちに示されることになるように、弁証法がその限界を知らなければならず、その限界を承認しなければならないという主張は、〔マルクスの〕経済学(ポリティカル・エコノミー)批判のプロジェクトにおいて、もう一つの重要な役割を果たすことになるだろう。

---

(12) Feuerbach (1982), *Grundsätze*, 295.〔『根本命題』43頁〕
(13) Feuerbach (1982), *Grundsätze*, 307〔『根本命題』57頁〕, *Thesen*, 247 und 244.〔「テーゼ」102頁および98頁〕

## 7.2 『経済学・哲学草稿』のヘーゲル批判

　この節では、1844年パリ亡命中に成立した、『経済学・哲学草稿』におけるマルクスのヘーゲル哲学との対決を取り上げる。『経哲草稿』の執筆の締めくくりに書かれた序論では、彼の国民経済学批判の源泉として主要なものとして「国民経済学に批判的に取り組んだ著述家たち」(178. 33-34)〔『経哲草稿』、388頁〕とならんで、「フォイエルバッハの発見」(178. 36)〔『経哲草稿』、389頁〕を挙げており、彼の著作が「ヘーゲルの『現象学』と『論理学』以来」「現実的な理論的革命が含まれている」唯一のものであると断言している(179. 12-13)〔『経哲草稿』、388頁〕。マルクスはここで、彼がそのようなヘーゲルとの批判的対決を――フォイエルバッハの発見にもかかわらず――「どこまでも必要」(179. 16)〔『経哲草稿』、388頁〕とみなす二つの理由を挙げている。

　第一に、青年ヘーゲル派の宗教批判およびヘーゲル批判は――マルクスは明確にバウアーとシュトラウスの名前を挙げている――依然として「ヘーゲル的超越」(180. 36)〔『経哲草稿』、389頁〕の立場に立っている。したがって、宗教、神学および哲学の克服は、この枠組みにおいては成し遂げられ得ないのである。そして第二に、フォイエルバッハによって新たに創出された基礎は「少なくともその証明のために」(181. 8-9)〔『経哲草稿』389頁〕「哲学的弁証法との批判的対決」(181. 9-10)〔『経哲草稿』、389頁〕によって、補強される必要があるのである。

　こうしたヘーゲルとの対決は事柄に即して動機づけられている。なぜなら、マル

---

(14) 時間的にこれに先だって成立したテクスト「ヘーゲル国法論批判（第261から312節）」も『経哲草稿』同様に未刊行であり、断片的なものにとどまっている。私は以下ではこのテクストを扱わないがそれは二つの理由からである。第一に、そこでの〔ヘーゲルとの〕対決は一義的にはヘーゲルの政治哲学に関するものであり、まだヘーゲル哲学そのものの基本構造を主題化してはいないからである。第二に、このより以前のテクストは、私の見る限りでは、マルクスのヘーゲル弁証法に対する根本的立場規定に、本質的側面を付け加えるものではない。それはまだそれほどよく反省されておらず、独自の仕方で、あるいは総じてヘーゲル左派のプログラムに依拠している。

(15) 私が用いた版は第二期マルクスエンゲルス全集（MEGA²）で公刊された『経哲草稿』の二つのバージョンのうちの第二のバージョンである。私がこの第二のバージョンのほうを用いるのは、それが手稿のオリジナルな形でテクストをもっとも手を加えずに提示しているからであり、テクストの断片的な性格をもっともよく留めているからである。〔以下では、*Karl Marx, Ökonomisch-philosophische Manuskripte. Kommentar von Michael Quante,* Suhrkamp: Berlin, 2009のページと行数が示されている。凡例に挙げた訳書のページを併記する〕

クスは、人間の類的本質の発展史に共産主義の場所を示すために、「否定の否定としての肯定」(129.9)〔『経哲草稿』、467頁〕というヘーゲルの思考パターンを用いているからである。その際に、『経哲草稿』における類的本質という人間学的概念の人間学的‒唯物論的基礎のために必要とされているのはフォイエルバッハのヘーゲル批判の中心的要素である (125. 24-129. 8参照)〔『経哲草稿』、467頁〕。したがってマルクスは、フォイエルバッハの概念がヘーゲル哲学への逆戻りではないことを示さなければならず、なぜ、新たな哲学的枠組みにおいてであるとしても、ヘーゲル弁証法の思考パターンを依然として用いることが許されるのかを明らかにしなければならない。

　マルクスは、「フォイエルバッハの偉業」(131. 23)〔『経哲草稿』、491頁〕を三つのポイントにまとめることで、ヘーゲル弁証法についての彼の自己理解を述べはじめる。第一にフォイエルバッハは、哲学が宗教の最後の形態であり、それによって疎外形式であることを示した。第二に、彼の構想において、「フォイエルバッハが社会的関係を（…）理論の基本原理とする」(131. 28-31)〔『経哲草稿』、492頁〕ことによって、フォイエルバッハは、「真の唯物論と実在的学」の基礎を据えた。最後に、第三にフォイエルバッハは「自分自身に依拠し、自立的でかつ肯定的に自己自身にもとづくところの肯定的なもの」(131. 33-34)〔『経哲草稿』、492頁〕を存在論的な基礎として説明し、それによって、自分を肯定的なものとして主張する否定の否定というヘーゲルの観念論的な構想を批判したのである。

　マルクスは、一方ではこのフォイエルバッハのヘーゲル批判とフォイエルバッハの実在論を継承している。——したがって彼は、ヘーゲル哲学はまだ疎外の一形態であるというフォイエルバッハの診断を共有している。他方でフォイエルバッハは、ヘーゲルの「否定の否定を単に哲学のそれ自身との矛盾としてのみ」(132. 11-12)〔『経哲草稿』、492頁〕理解し、それによって彼自身の実在論的構想を「直接的かつ媒介なしに」(132. 21-22)〔『経哲草稿』、492頁〕ヘーゲルの観念論に対置することが正当であると感じていたという理由で、批判される。しかし、このようにしてフォイエルバッハの基礎は依然として基礎づけられておらず、ヘーゲル弁証法についての批判的反省によって——マルクスはそう述べるのだが——補強されなければならない。さらに、フォイエルバッハは、ヘーゲルの構想が、哲学の自己矛盾である「だけ」ではなく、その中に根本的な哲学的洞察が表現されていることを見なかった。「しかし」とマルクスはこのフォイエルバッハ批判の要点を定式化する。

「ヘーゲルは否定の否定を (…) あらゆる存在の唯一真なる行為であり自己活動行為として理解したことによって、まさに歴史の運動を言い表す・抽・象・的、・論・理・的、・思・弁・的表現を見出したのである。」(132. 28-32)〔『経哲草稿』、492-493頁〕

したがってマルクスのテーゼは、ヘーゲルは一方で確かに、それ自体まだ疎外の一形態であるような哲学的原理を根底に置いており、それによって彼の哲学に間違いが忍び込んでいる、というものである。しかし他方で、ヘーゲルは否定の否定として捉えられた彼の原理を用いて、労働の本質と、疎外という条件のもとにある人間史の基本構造を適切に写し取っていた (132.32-36)〔『経哲草稿』、493頁〕。それゆえに、ヘーゲル哲学は、批判的に啓蒙され、唯物論的に裏返された概念を維持し得るような大きな潜在力(ポテンシャル)を含んでいるのである。なぜなら、ヘーゲルの哲学は、人間の発展の完全に疎外された社会的−歴史的状況の適切な疎外された表現であるからである。つまり、「哲学的精神は、その自己疎外の中で思考し、すなわち抽象的に自己を捉える疎外された世界精神」であるので、ヘーゲルが『大論理学』で展開するカテゴリーは、この疎外の自立化した抽象物なのである。『大論理学』は――とマルクスはこの思想を要約して述べる――「精神の・貨・幣」(134. 6-10)〔『経哲草稿』、493頁〕である。(16)

フォイエルバッハは、この哲学的潜在力(ポテンシャル)を見落としていたので、彼の貢献にもかかわらず、ヘーゲルとの批判的な対決が〔依然として〕必要である。一方で、示されなければならないのは、フォイエルバッハによって発見された新たな基礎を採用することが必要となるような、ヘーゲル弁証法の原理的欠陥がどこにあるのかということである。他方で、保存されなければならないヘーゲル弁証法の哲学的内容も証明されなければならない。

ヘーゲルの決定的間違いは、哲学的意識と、それにともなって「疎外された人間の抽象的な形態さえ」をも、「疎外された世界の尺度」(142. 12-14)〔『経哲草稿』、494頁〕として据えたことである。したがってマルクスは、ヘーゲルが実在的疎外やその現実的な除去に関心を持たず、すべての疎外現象を観念論的な思考パターンに還元したと言って彼を批判する。「・疎・外」――マルクスによればそれがヘーゲルの主張の本来的認識関心をなすものなのだが――は「・即・自と・対・自との、・意・識と・自・己・意

---

(16) このことからすれば、彼が後に『資本論』でまさに『大論理学』を、資本主義の疎外を表現するための叙述手段として選択したことは驚くべきことではない。

識との、客観と主観との対立」である。これをマルクスは、「抽象的な思考と感性的な現実性との対立」として理解したのである (142. 18-24)〔『経哲草稿』、494頁〕。

マルクスによれば、ヘーゲルにとって対象の〔意識による〕領有は

「同時に、いやそれどころか主として、対象性を止揚するという意味を〔持つ〕。なぜなら、対象の特定の性格でなく、その対象的性格が自己意識にとっては妨げとなり疎外であるからである。」(157. 28-32)〔『経哲草稿』、502頁〕

マルクスはここでもっぱらヘーゲルの『現象学』について論じており、意識と自己意識の関係だけを体系的観点で見ている。「ヘーゲルは、あれだけ現象や〔概念〕布置を持ち出しながらも、そのなかに含まれている存在論的および認識論的構造にしか興味がなかった」という『現象学』の証明目標に関するマルクスのテーゼは完全に的をはずしていたというわけではなかった（ヘーゲルがここで単なる還元を行っているという彼の批判が事柄としては擁護できないものであったとしても）。ヘーゲルが最終的には意識の実在論的基本想定を、確かに私たちの、世界との関係と自己との関係というこの〔『現象学』の〕局面の不可欠な構成部分として保持しながら、しかし同時に哲学的に不十分な立場として退けているということも正しい。

マルクスによれば、ヘーゲルは、この間違った理論枠組みの内部で今や必然的に二重の間違いを犯している。第一に、マルクスが彼の構想の中で「対象に、疎遠な対象になった人間の本質力」(142. 33-34)〔『経哲草稿』、495頁〕の再領有として規定する、対象の領有は、「思想と思想運動」(143. 3)〔『経哲草稿』、495頁〕の領有でしかあり得ない。それは存立している現実を何も変えないままにしておくのである。第二に、人間の外化のこの「返還請求」(143. 11-12)〔『経哲草稿』、573頁〕は、常に疎外された歪曲である。人間の本質はその人間性の中にあるのではなく、「精神だけが」――しかも最終的にその「真の形式は」ヘーゲルにおいては「思考する精神、論理的で思弁的な精神」であるとされている――人間の「真の本質」と見なされる。それゆえに自然と社会的世界はただ「抽象的精神の生産物」として領有されるだけなのである (143. 21-26)〔『経哲草稿』、495頁〕。

マルクスにとって、そのような人間の自己意識への観念論的な還元は、実在的疎外の表現であり、その現実的な「人間的対象化」(143. 16)〔『経哲草稿』、495頁〕の哲学的な領有は、それ自身疎外されているヘーゲル的基準によって、この疎外状況を適切

に表現したものでしかない。ヘーゲルの観念論的構想に代わるその実在論的な選択肢とともに、マルクスがこれと結び付けるのは、フォイエルバッハの宗教批判的思考動機である。このフォイエルバッハの思考動機は、思考から独立した外的世界という想定と、人間が本質的には感性的、社会的、肉体的存在者であるという人間学的テーゼとを含んでいる。この二つのテーゼは事柄としては相互に独立している。哲学的実在論は、存在論的あるいは認識論的テーゼであり、そもそもそれ自体で特殊な人間学的構想を含意しているわけではない。フォイエルバッハ（そしてマルクス）の人間学は、哲学的実在論に結び付けられてはいない。それは、人間の感性や身体性の強調、および思考を超える実践的な、世界との人間の関わりの様式の強調であり、それは様々な認識論的および存在論的基本想定と整合し得るものであるからである。

　もし哲学的実在論の拒否を、哲学に変容させられた宗教あるいは神学の最後の形態とみなし、観念論的諸理論を人間の自己認識の疎外されたあり方として理解するとするならば、そのひとは、存在は（神的あるいは人間的）思考に依存してはいないという実在論的想定、および哲学的人間学の代案を採用していることになる。それは、思考するつまり精神的な存在者というヘーゲルによる人間の本質規定を、疎外の一形式として示す人間学である。

　マルクスの主張は、第一義的にはブルーノ・バウアーに向けられている。その批判は次のようなものである。青年ヘーゲル派は、宗教、神学およびヘーゲル哲学を人間の疎外の形式として批判するという動機をフォイエルバッハ（およびマルクス）と共有している。しかし、そのために彼らはヘーゲル弁証法と自己意識という原理を用いるのであり、それゆえに観念論的な全体枠組みの内部にとどまっている。しかし、フォイエルバッハは、この枠組みがそれ自体なおも神学の一形式であることを示すことができたので、青年ヘーゲル派およびフォイエルバッハ、そしてマルクスによって同様に意図されている批判は拡張され、より深いところにあるレベルに根ざさなければならない。まさにこれは、自己意識が人間の本質をなすというテーゼを退け、哲学的実在論を採用することで可能となるのである。

　マルクスは、すでに『経哲草稿』において、フォイエルバッハのヘーゲル批判に対する批判を予告していた。彼によれば、フォイエルバッハは、否定の否定というヘーゲルの概念をその否定的な内容でしか理解していなかったのであり、このヘーゲル弁証法の中に哲学的な洞察も隠れていることを見落としていたのである。この洞察を、それがヘーゲルにおいてとっている疎外された形式から抽出しなければな

らず、真の唯物論のなかで救出することができるのである。マルクスは、ヘーゲル弁証法の中心的な要素を、彼の行為論や疎外概念に取り込んでいるので、彼はヘーゲルの否定の否定が持つ保存されるべき内容を際だたせなければならない。その内容は、彼にとって「ヘーゲル『現象学』とその最終成果——つまり弁証法、運動と産出の原理としての否定性——における偉大なもの」である (150. 15-17)〔『経哲草稿』、496頁〕。

マルクスの行為論だけでなく、その歴史哲学的構想もヘーゲル弁証法の継承に基づいている。マルクスがヘーゲルにおいて見出す偉大さは、

「第一に、ヘーゲルが人間の自己産出を一つのプロセスとして捉えたこと、対象化を脱対象化、外化およびこの外化の止揚として捉えたこと、したがって彼が労働の本質を捉え、対象としての人間、現実的であるが故に真なる人間を、彼自身の労働の帰結として把握したこと」(150. 17-23)〔『経哲草稿』、496頁〕

である。

これによってヘーゲルは「近代国民経済学者たちの立場」に立っており、「労働を人間の本質として、人間の自己を確証する本質として」(151. 6-7)〔『経哲草稿』、496頁〕捉えたというのである。しかしヘーゲルは、疎外された基準を基礎に置いていたので、「労働のただ肯定的な側面だけを」見、「その否定的側面」を見なかった (151. 7-8)〔『経哲草稿』、496頁〕。これによってマルクスは、ヘーゲルが、事実的疎外の客観的に正しい表現を見出したが、しかしそれを同時に肯定的に人間の本質として彼の観念論的哲学に取り込んだのだ、という論証モデルを繰り返しているのである。〔マルクスによれば〕ヘーゲルは、この疎外された尺度を意識的に用いているので、宗教、神学、哲学における人間の自己疎外の構造を「哲学のいとなみとして」(152. 20)〔『経哲草稿』、497頁〕認識した最初の哲学者なのである。マルクスによれば、ヘーゲルの間違いは以下の点にある。つまり、この「哲学のいとなみ」それ自体が疎外の形式であり、哲学の中で遂行された疎外の止揚は、見せかけの止揚にすぎないのだということを見抜かなかったという点である。それゆえマルクスは結論として次のように述べる。

「それだから、ヘーゲルにおいて否定の否定は、まさに仮象本質を否定する

ことによる、真の本質の確証ではなく、その仮象、あるいは自己から疎外された本質をその否認において確証することである。すなわちこの仮象本質を、人間の外に住みそして人間から独立している対象的本質としては否認し、それを主体へと転化することである。」(159.36-160.6)〔『経哲草稿』、504頁〕

第一の肯定的局面としてマルクスが挙げるのは、「外化を自己の中に取り戻す対象的な運動としての止揚」である (162.3-4)〔『経哲草稿』、506頁〕。このモデルを彼が取り入れるのは、彼の理解ではそれが人間行為の基本形式であるだけでなく、外化を超え、疎外を経由して進行する人間の類的本質の自己実在化の基本構造でもあるからである。ヘーゲルにおいて見出されるのは、

「対象としての本質の、その疎外の止揚による領有についての、疎外の内部で表現された洞察、人間の現実的対象化についての疎外された洞察」(162.4-8)〔『経哲草稿』、506頁〕

である。

ここでマルクスが述べていることは次のように理解されなければならない。つまり、ヘーゲルが疎外された尺度をあてがっているという事実に由来する歪曲を取り除かなければならない、ということである。そうすれば、ヘーゲルの基本洞察を取り入れ、ただ思考されただけの人間の疎外の止揚の代わりに「人間の対象としての本質を対象的世界の疎外された規定の無化によって現実的に領有すること」(162.8-10)〔『経哲草稿』、506頁〕を実践において実行することができる。

これに続いて、マルクスは「ヘーゲルがここで——しかも彼の思弁的論理学で——成し遂げた積極的なこと」として三つの点を挙げる。

第一にヘーゲル論理学においては、人間の思考の基本カテゴリー、つまり

「自然と精神に対して自立している普遍的で固定的な思考諸形式が、人間存在の普遍的疎外の必然的帰結であり、したがって人間の思考の普遍的疎外の必然的帰結でもあること」(164.25-29)〔『経哲草稿』、508頁〕

が示されているという。

これによってこの思考諸形式は人間の具体的行為の生産物である。それは自立化し、疎外されたパースペクティヴにおいては自立的存在者であるという見かけをとる。この基本モデルは、『資本論』におけるマルクスによる資本主義分析の基礎にもなっている。資本主義においては、商品、あるいは貨幣ないし資本は、人間の類的本質の対象化——しかも疎外された、それゆえ人間によって見通すことのできない形式をとった——にほかならないにもかかわらず、独自の質を持った、人間から独立した存在者として機能する。

第二に、ヘーゲル以前の哲学者たちはいつも、「かの固定的抽象」(166. 12)〔『経哲草稿』、509頁〕の中のいくつかしか理解しなかったのに対し、ヘーゲルは彼の論理学においてこれらのカテゴリーの体系を関連性の中で提示したとされる。これによってヘーゲルは、この抽象の体系をその全体として「批判の対象」(166. 17)〔『経哲草稿』、510頁〕とすることを可能にしたのである。

第三に——これはマルクスにとって最も重要なポイントである——ヘーゲルは、要点を、疎外された思考の生産物としての抽象から、「自己の中で回転する抽象の行為」(166. 11)〔『経哲草稿』、509頁〕へと移し、それによって疎外された対象化の帰結から過程への移行を遂行した。マルクスの見るところでは、こうしてヘーゲルは労働の本質と対象的類的存在の自己実現の構造を、それ自身まだ疎外された形式においてであるとはいえ、概念にもたらしたのである。ヘーゲル哲学は、人間の思考における自己疎外の論理的最終到達点なので、彼の論理学は資本主義の基本構造にも対応している。なぜなら、資本主義は社会実践における人間の疎外の頂点を示すものなのだからである。

## 7.3 マルクスの第二のヘーゲル受容

マルクス研究においては依然として、1840年代の半ばにマルクスの思想に断絶があったのかどうか、それゆえ後期の経済学(ポリティカル・エコノミー)批判を初期の著作と結び付けてはならないのかどうかが議論されている。しかし、経済学(ポリティカル・エコノミー)批判の最初の仕上げの時期である1850年代のマルクスに、ヘーゲル受容の第二段階が存在したことは、争う余地のないことである。第一の段階においては『精神現象学』がマルクスにとって中心的な参照点であったのに対して、第二の段階では、ヘーゲルの『大論理学』が中心となっている。

マルクスは1858年1月16日頃書かれた手紙でエンゲルスに次のように伝えている。

「例えば、これまで存在してきた利潤学説を僕はすっかりひっくり返してやった。問題を論じる方法の点では、ほんの偶然から――フライリヒラートがもともとバクーニンの蔵書だったヘーゲルの著作を何冊か見つけて、プレゼントとして僕に送ってくれたのだ――ヘーゲルの『論理学』のページを再びめくってみたことが、私には大いに役に立った。」(MEW 29, 260)〔「手紙116 マルクスからエンゲルス（在マンチェスター）へ」、206頁〕

この手紙の文面が重要なのは、マルクスがここで彼の経済学(ポリティカル・エコノミー)批判の方法の抽象的な参照点としてヘーゲルの『大論理学』に言及しているからというだけではない。この箇所が重要なのは、また、方法論を扱った章として有名になった、1857年から58年に成立した『経済学批判要綱』への序文が、フライリヒラートが当時マルクスにしたこの予期せざる贈り物の到着の前に執筆されたものであり、したがって、このヘーゲル再読の新鮮な印象のもとで書かれたものではなかったのだということがここから分かるからでもある。それゆえ、この序文において強力に見出されるヘーゲルの思考モデルへの参照は、マルクスの思考の固定的な構成要素として評価されなければならないのである。

マルクスによって1873年1月24日の日付が付されている『資本論』第二版の「後記」で、彼は第一版への書評の著者たちを意識しながら次のように書き留めている。「『資本論』で用いられた方法はあまり理解されていない」(MEW 23, 25)〔『資本論 第1巻』、23頁〕。この後でマルクスは、カウフマンという名のロシア人の著者がペテルブルクの『ヨーロッパ通信』に1872年に発表した書評から詳細に引用している。この書評の特別な要点、そしてまたおそらくはマルクスがこの後記で、この書評に多くの紙幅を割いている理由も、マルクスによればカウフマンが『資本論』において用いられた方法を厳密に実在論的に理解し、それに対しマルクスによって選択された叙述の仕方は「不幸にもドイツ的・弁証論的」(ibid.)〔同上〕だとしたことである。カウフマンのこうした評価についてマルクスは以下のようにコメントしている。

第7章　ヘーゲル弁証法の止揚　159

「この筆者は、彼が私の現実的方法と名付けるものをこのように適切に、そしてこの方法の私の個人的な適用が考察される限りでは、このように好意的に描写しているが、彼はそのことによって弁証法的方法以外の何を描写したというのだろうか。」(MEW 23, 27)〔『資本論　第1巻』、28頁〕

　マルクス自身、――彼の生前には未刊行のままだった――『要綱』において、変更を加えてヘーゲルから継承された、資本主義記述の方法は、観念論的概念演繹だという印象を与えるだろうが、この印象は修正される必要がある、と指摘している。それゆえマルクスは、書評者によってなされた、マルクスの現実的、実在論的方法と観念論的な叙述の方法の間の区別を取り上げ、この区別をもう一つの区別に改変する。

「なるほど、このような叙述の方法は、形式的には研究方法と区別されなければならない。研究は素材を細部にわたって自分のものとし、その様々な発展形態を分析し、その内的紐帯を見つけださなければならない。この仕事が仕上げられてのちにはじめて、現実的な運動は適切に記述され得るのである。これが成功し、素材の生命がいまや観念によって写し取られれば、あたかもアプリオリな構成が問題となっているかのように見えるのかもしれない。」(MEW 23, 27)〔『資本論 第1巻』、28頁〕

　しかし、このように譲歩しているにもかかわらず、マルクスは彼自身の方法が弁証法的に構成されていることにこだわっている。それゆえマルクスはここで、カウフマンがまさに不幸にも選択されたドイツ的・観念論的な提示方法であるとして厳しい評価を下した、ヘーゲル弁証法に対する彼の方法の関係をはっきりさせることを求めるのである。

「私は、30年ほど前、ヘーゲル弁証法がまだ流行していたときに、ヘーゲル弁証法の神秘化する側面を批判した。しかしまさに私が『資本論』の第一巻を仕上げようとしていたときに、今ドイツの教養層において大口を叩いている腹立たしく、傲慢で、凡庸な亜流どもがいい気になりながら、レッシングの時代に勇敢なモーゼス・メンデルスゾーンがスピノザを取り扱ったように、すなわ

ち「死んだ犬」としてヘーゲルを取り扱っていた。それゆえ私は、自分があの偉大な思想家の弟子であることを公に認め、また価値論についての章のあちこちでは、彼に特有な表現様式をちらつかせさえしたのである。(…) 弁証法がその神秘化された形式においてドイツで流行になったのは、それが現状を美化してくれるように見えたからであった。弁証法はその合理的形態においては、ブルジョアジーや空論をもてあそぶその唱道者たちにとって腹立たしいものであり、恐ろしいものである。なぜならば、それは、現状の肯定的理解のうちに同時にその否定、その必然的没落の理解をも含んでおり、生成したどんな形式も運動の流れの中で、したがってそのうつろいゆく面からも捉えるからであり、なにものにも心を動かされることなく、その本質に関していえば批判的であり革命的であるからである。

　資本主義社会の矛盾に満ちた運動は、実際的なブルジョアには、近代産業が巡る周期的循環の転換が生じる際にもっとも痛切に感じさせられるのであって、この局面転換の頂点こそが、一般的恐慌なのである。この一般的恐慌は、まだ前段階にあるとはいえ、再び進行しつつあり、その〔進行する〕舞台は全面的であり、その作用は強力なので、新しい神聖プロイセン・ドイツ帝国の脳天気たちにも、この恐慌によって弁証法がたたきこまれることになるだろう。」(MEW 23, 27 f.)〔『資本論 第1巻』、28—30頁〕

　最後の段落の修辞的に高飛車な結末で、マルクスは、もう一度近い将来の革命への期待を表現しているが、この最後の箇所が私たちの問いに関して興味深いのは、彼がここで資本主義社会の運動そのものを「矛盾に満ちた」ものと呼んでおり、したがって弁証法が、叙述のレベルに制限されてはおらず、対象領域そのものの中に置かれていることである。

　彼の脱神秘化された合理的な弁証法の、批判的で革命的な性質について詳述される際にも、同じ方向が指し示されている。この弁証法は、存立するものが、生成したもの、一時的なものであることを明らかにし、そのことによって、この弁証法は、概念的把握の中に——マルクスはここで「存立するものの理解」について語っているのだが——同時に「存立するものの否定の、その必然的没落の」理解を「含んでいる」。これによって、実在的な歴史経過そのものに否定という質が帰され、そこから存立する諸関係の「必然的没落」が導出される。このことは、マルクスの弁証

法が、事柄そのものの中に基盤を持たない単なる外面的な小細工であるという理解を否定するものであるだけでなく、(叙述の) 方法としての——マルクス自身によっても前景におかれた——弁証法が、歴史のすべてであり得るという理解をも否定するものである。[(17)]

息をつかせる間もなく次にマルクスは、彼が『資本論』において、自分がヘーゲルの「弟子」であることを認めたことに注意を促すだけでなく、価値形態分析に関して、マルクスが、第一版のこの最初の『資本論』にもともと見られたバージョンにおいては少なくとも、ヘーゲル特有の表現方法を「もてあそんだ」と語っている。こうしたコメントで、マルクスは、第一版の付録に見出される価値形態分析の大衆化された叙述のことを指しているのだが、このコメントを、変容されたヘーゲル弁証法がマルクス自身の弁証法的方法に対して持っている機能にもあてはめてはならない。マルクス自身の弁証法においては、マルクスはもはやヘーゲルの表現方法をまさにもてあそんではいないのである。なぜなら彼はその基礎的カテゴリーと思考モデルを変容させ、そうしてそれを自分の弁証法的な方法としているのだからである。このマルクスの方法にとっては、弁証法との関連は外面的ではなくまさに構成的なのである。

上記の引用の文脈で、マルクスはこの複雑な関係そのものを次のように特徴付けている。

「私の弁証法的方法は、その基礎に関してヘーゲルの弁証法と異なっているだけではなく、その直接の反対物でもある。ヘーゲルにとって、彼が理念という名のもとにおいてさえ自律的な主体に変えた思考過程は、現実的なもののデミウルゴスであり、この現実的なものは思考過程の外的現象をなすものでしかないのである。私においては逆に、理念的なものは、人間の頭の中で転換され

---

(17) この場で、以下のことについて手短に言及しておきたい。マルクスが、「私は、30年ほど前、ヘーゲル弁証法がまだ流行していたときに、ヘーゲル弁証法の神秘化する側面を批判した」と述べるときに言及しているのは、明らかに1843〜44年に、草稿が仕上げられていたが、そのごく一部だけが刊行されたヘーゲル及びヘーゲル左派批判である (なぜならその初期のテクストはまさにかなり正確に「30年ほど前」に成立しているからである)。マルクスのこの自己参照が肯定的に行われたものであり、決して彼の思想の断絶や彼の理解の深刻な変更によってなされているのでないことは完全に明白である。マルクスは『資本論』の第2版への「後記」で、〈ヘーゲルは真の弁証法を知っていたが、哲学的観念論的にそれを叙述したので、ただそれを神秘化してしまった〉のだという診断を定式化しているが、この診断は上記のようにほとんど同じ言い回しで——たとえそのときにそれは特に『現象学』に関連づけられていたにせよ——すでに1844年の『経哲草稿』に見出される。

翻訳された物質的なものに他ならない。(...) ヘーゲルの手元で弁証法が被っていた神秘化は、いかなる仕方でも次のことを妨げはしない。つまり、ヘーゲルが、弁証法の普遍的な運動形態をはじめて包括的で意識的な仕方で叙述したのだということである。弁証法は彼においては逆立ちして〔頭で立って〕いた。神秘的な外皮の中に合理的な核を発見するためには、この弁証法をひっくり返さなければならない。」(MEW 23, 27)〔『資本論 第1巻』、28頁〕

マルクスがこの関係の性格付けのために用いている三つの〔ヘーゲル弁証法の〕書き換えがある。それは、

(ⅰ)「直接の反対物」
(ⅱ)「逆立ちして〔頭で立って〕」
(ⅲ)「ひっくり返す」

である。
　第一の性格付け〔「直接の反対物」〕が論理的関係を示すものとして解釈できるのに対して、他の二つは比喩的な書き換えである。それはさらに相互に緊張関係にないわけではない。私はここでこれらの書き換えをこれまで論じてきた関係を背景としながら説明してみたい。

(ⅰ)について
　「直接の反対物」についての言及は、〈p〉の〈非-p〉に対する述語論理的関係として問題なく解釈しうる。私たちの文脈では、この特徴付けは、それがフォイエルバッハの感性主義と唯物論を直接取り入れていることを示すものであるかぎりで、マルクスの立場に当てはまる。[18]「歴史を駆動する力として見なされなければならないのは、経済的関係であって、決して（規範的表象や理念といった）観念的な偉大なものではない」という、とりわけ『ドイツ・イデオロギー』において練り上げられた立

---

[18] なるほど注意しなければならないのは、マルクスは『経哲草稿』においてすでに、対立するテーゼ（単純な否定）の単なる定式化は、ヘーゲル弁証法の構造と要求内容に適うものではなく、それゆえ根拠付けの議論としては不十分だということを示唆していたことである。さらに、マルクスが「フォイエルバッハ・テーゼ」において、認識論的感性主義と、それと合致する、人間の主体性の能動的性格の喪失とを批判していることも思い起こさなければならない。

場は、直接的反対物という形式にもたらされなければならない。つまりマルクスの解釈では、ヘーゲルにとっては、日常的現実性を単にその外的現象と見なすような理念が、自立的主体なのである。それに対してマルクスは、類的存在の存在形式としての実在的経済的再生産過程が、自立的で活動的な主体と見なされる一方で、理念的なもの、つまり上部構造の様々な形態がこの主体から独立した偉大なものと見なされ得るという前提を立てているのである。[19]

(ⅱ)について

「逆立ちして〔頭で立って〕」というイメージは、〈p〉と〈非-p〉との矛盾関係の空間的隠喩として、「上」と「下」という規定の単純な反転（単純な否定）として理解され得る。土台と上部構造との関係の反転、あるいは原因と結果の役割の取り違えもまたここに分類されてよい。これらは、マルクスがヘーゲルの歴史哲学および法哲学に関して何度も取り組んでいたものである。

上の二つの規定は、これらの規定が〈命題p〉の、あるいは反転される諸規定の順序の内部構造を変えないままにしているという点で共通している。もし対象を逆立ちさせる〔頭で立てる〕ならば、たとえば個々の点（そして平面）の間の関係は保持されたままである。そしてもしyの原因であると見なされた要素xをyの結果として説明するのだとしても、xとyが因果関係にあるという想定は維持されている。全く同様に、単純な言明の否定は〈命題p〉の内部構造を変化させないのである。

関係のこうした特徴付けが、少なくともマルクスによるヘーゲル弁証法の変換のすべてを捉え得るものではないことも明らかである。本質と現象などへの言及、そしてまたそれと緊密に結びついている〈内的なもの〉と〈外的なもの〉という表現もまた、それでは適切に理解されないし、マルクスによってくり返し用いられ、観念論的な構想における特定の事態ないし現象が受け取る神秘化あるいは歪曲といった表現も、適切に理解されない。『経哲草稿』におけるマルクスの考察に関していえば、単なる反対物の要請、あるいは単に「逆立ちさせる」という操作は、問題状況を軽く見積もり、証明課題を無視する無批判的関係の一つのバージョンであるというこ

---

(19) この関係の詳細な解釈のためには、マルクスにおけるイデオロギー概念の様々な用いられ方を区別する必要があり、そうした区別は、「（社会的）存在が意識を規定する！」というスローガンの様々な解釈を帰結することになる。ただし私はここでこれ以上この点を追究することはできない。

とが確認されうる。しかしこうした関係こそ、まさしくマルクスが彼のヘーゲルおよびヘーゲル左派との対決の第一段階で取り除こうとしたものである。

**(iii)に関して**

「ひっくり返す」〔という表現〕によってマルクスは、彼の方法のヘーゲルの弁証法との関係をもう一度イメージとして特徴付けている。その意味の一つでは、このイメージは「逆立ちさせる」ことと同じ内容を持つ。〔そのとき〕私たちは、バケツをひっくり返し、その開口部が上から下に来るようにするというようなことについて語っているのである。しかし「ひっくり返す」にはこのイメージ内容とは異なるもう一つ別の意味がある、もし人が自分のシャツの袖や、手袋やポケットをひっくり返すとすれば、そのときその人は内側を外に折り返しているのであり、以前は内側として、直接の把握には隠されていた何かが現れ出ているのである。

すでにハンス・フリードリヒ・フルダが提案していたように、「ひっくり返す」〔という表現〕のこの意味こそが、私たちを体系的にさらに先へと進め、マルクスがヘーゲルのやり方と自分のやり方の関係をどのように理解していたのかについて説明を与えるものである。[20] それは、内と外の交換としてのひっくり返しは、単なる反転という機械論的なイメージよりも本質と現象という弁証法にはるかによく合致するからというだけではない。それは、「彼の方法は、ヘーゲルにおいては神秘的形式をまとっていたヘーゲル弁証法の合理的な核を前景にもたらす」という、くり返しマルクスによって用いられた言い回しを、わかりやすく示すものでもあるからである。総じて「ひっくり返し」は——たとえば、手袋の内側が外へ折り返されるときの手袋の変化を考えてみよう——ダイナミックで内在的構造を変化させる、複合的な変容のあり方を示している。明らかに、このイメージは、彼によって用いられた他の二つの規定よりも、ヘーゲルの弟子であるというマルクスの自己理解にも、弁証法的な根拠付けレベルを顧慮しながらヘーゲルの立場に代わるものを確立するという彼の考えにもずっとよく合致する。彼は多くの箇所で「神秘化」を、隠蔽 [Verschleierung]、錯覚 [Täuschung]、誤導 [Irreführung]、あるいは歪曲 [Verzerrung] と特徴付けているが、それは、現象が本質として規定され、ヘーゲルによって本質として設定されたものが現象として規定されることで、ひっくり返しによって取り除かれることとなるものである。この本

---

(20) Fulda (1977) を参照。

質と現象の顚倒が、例えば国民経済学のイデオロギーと解釈を呼び起こすものなのである。このイデオロギーを見破るためには——ここでもマルクスはフォイエルバッハに従っているのだが——観念論の存在論的前提を否定し、この前提をその直接的反対物に作り替えなければならない。しかしこれによって、神秘的なものの暴露に着手はされているが、成し遂げられてはいない。そのためには、「ひっくり返し」によって神秘的で覆い隠された現象を変容させなければならない。それによって、隠されていた本質が目に見えるようになり、一見本質であったものが疎外された状況のイデオロギー的な歪曲であったことが見抜かれ得るようになるのである。

## 7.4 マルクスにおける弁証法の二つの形式

　私のこれまでのヘーゲル・マルクス関係の再構成の根底にある中心的なテーゼは「・マ・ル・ク・ス・は・そ・の 経　済　学（ポリティカル・エコノミー）批・判・で・二・つ・の・異・な・る・タ・イ・プ・の・弁・証・法・を・用・い・て・お・り・、・そ・れ・は・い・ず・れ・も・変・更・を・加・え・ら・れ・た・形・で・ヘ・ー・ゲ・ル・か・ら・継・承・さ・れ・た・も・の・で・あ・り・、・そ・れ・自・体・相・互・に・関・連・し・合・っ・て・い・る」というものである。

　このテーゼを根拠づけるために、第一に、マルクスの思想を断絶によって二つの相互に独立した段階に分割することはできないということを前提として主張する必要がある。他方で、このテーゼはテクストの詳細な解釈によって補強されなければならないが、それはここでは行うことができない。しかし、このテーゼにある種の出発点となるような説得性を与えることはできる。それは、なぜ、マルクスがヘーゲル論理学を彼の 経　済　学（ポリティカル・エコノミー）批判のための叙述の道具として用いうるのかについて彼自身どう理解しているのかを問うことによってである。

　この答えの鍵となるのは、本章ですでに引用された「論理学は精神の貨幣である」というマルクスの発言である。交換価値が、そしてその完全に疎外された形態においては貨幣と資本としてのそれが、マルクスの 経　済　学（ポリティカル・エコノミー）批判のコンセプトにおいて果たす役割は、マルクスの見るところ、つまりヘーゲル左派的な解釈では、一方ではヘーゲルの『大論理学』が体系全体の中で果たす役割に対応している。『大論理学』は存在論的基礎および目的論的目標として設定されているが、しかし実在的現象を捨象して存立する関係の構造であり、そこではこの構造は神秘化されて把握され、そのことによって同時に歪曲された形態で基礎づけられ（あるいは正当化され）る。他方で、ヘーゲル論理学の諸カテゴリーおよび諸原理が貨幣のようなものであると

いうのは、それが物神化された、つまり固有の生命を与えられた妥当現象と見なされうるという意味である。この現象は、その内的な性質によって、自分自身を安定化させ根拠づける網の目へと展開していく。マルクスは、——これが彼の第一の前提だが——ヘーゲルの『大論理学』を、人間の類的本質の完全にできあがった疎外の、完成された適切な表現と見なしている。人間の社会的な類的本性は、人間の行為において妥当現象として実在化されるのだが、これがヘーゲル論理学においては、自分自身を展開し現実化する、抽象的存在者の体系となる。社会的交通関係の中で実現される人間の本質的特徴はこれらのカテゴリーそのものの性質と見なされる。存在論的に自立したものとして理解された論理学のカテゴリーは、——マルクスはそう理解されなければならないのだが——人間の社会的類的本性の見通しがたい対象化なのである。

　マルクスは——これは彼の第二の前提であるが——資本主義を完全に外化され、完成した類的存在の実存形態であると見なしている。この社会編制においては、人間の本質的性質が全体として交換価値、貨幣そして資本として外化されており、人間はこの社会現象において自分自身の類的本性の対象化を認識することはできないのである。

　しかしもし、ヘーゲル論理学が、完全に疎外された人間の類的本質を、この疎外を見通すことのできない、神秘化された形式で完全に叙述したものだということが正しいとするならば、そして同時に資本主義が人間の類的本質のこうした完全な外化の完成した実在化であるということが正しいとするならば、その場合には、ヘーゲルの諸定理は次のように記述され得る。一方で、ヘーゲルの諸定理は、直接的に、疎外された内的パースペクティヴを（価値形態分析において）展開することに適している。他方で、それは間接的に、つまりマルクスによって試みられた脱神秘化によって、この交通形態の批判のために利用できるのであり、それは、マルクスによるヘーゲル弁証法の転換がまさに、弁証法的カテゴリーがそれ自身で疎外された諸関係の隠蔽や安定化に貢献している仕方を明らかにしているからなのである。

　したがって、以上のことを要約すれば、マルクスは資本主義の中に同時に二つのものを見ていたのに違いない。つまり、第一に彼は人間の類的本質の自己実現の歴史における特別な要点を記述しているのである。その要点は、疎外された形態における人間の本質の完全な外化によって、自動的主体の産出として理解されるものである。他方で、この共時的に間違った総体性として理解されるべき状態そのものが、通時的な、つまり歴史哲学的展開における一契機として理解されるのであり、この

発展の内部で、完全な外化という状況に対して、類的存在の本質的特徴を意識的に取り戻すことになる転換が生じるのである。マルクスは、その際資本主義の形態としての共時的 経 済 学 ⟨ポリティカル・エコノミー⟩ 批判を歴史哲学的構築物のもとに置いているのだが、この構築物もまた、ヘーゲルから継承された弁証法モデルに、マルクスが変更を加えたものに従って築かれているのである。つまりそれは、対象となっている類的本質が、外化と疎外を経由して、以前外化されていた本質的特徴をすべて意識的に取り戻すことになるという、この類的本質の自己実現である。このようにしてヘーゲル受容の二つの局面がマルクスにおいて互いに絡み合っている。それゆえ、マルクスが『経哲草稿』において構想した、この歴史哲学的構成の影響の跡が、歴史的展開にとって体系的に決定的な『資本論』の箇所に見出され得るとしても驚くべきことではない。

> 「資本主義的生産様式から生じてきた資本主義的収奪〔領有〕様式、したがって資本主義的な私的所有は、自分の労働に基づく個人的な私的所有の第一の否定である。しかし、資本主義的生産は、自然過程の必然性を伴ってそれ自身の否定を生み出す。これは否定の否定である。この否定の否定は、私的所有を再建するのではないが、なるほど資本主義時代の成果の基礎の上に個人的所有を再建するのである。つまりそれは、協業と土地の共同占有、そして労働そのものによって産出された生産手段の共同所有を基礎とする個人的所有である。」(MEW 23, 791)〔『資本論 第1巻』、1301頁〕

## 7.5 マルクスの理論プログラムにとっての諸帰結

マルクスのヘーゲル弁証法受容と転換から生じてくる 経 済 学 ⟨ポリティカル・エコノミー⟩ 批判にとっての出発点をなす条件を本章で再構成してきたが、それが正しいのだとするならば、マルクスのプログラムはいくつかの挑戦の前に立たされていることになる。

この弁証法的方法の解釈が、叙述の弁証法および歴史の弁証法としての二つの形式にいかに関わっているのかが明らかにされなければならないというだけではない。いかに――そしていかなる意味で――マルクスが彼自身の構想を実在論の一バージョンとして理解しているのかという問いも、射程の広い問題を投げかけるのである。なぜなら、ヘーゲル哲学の特殊性は、それが思考あるいは認識から独立した客観領域を前

提とせず、哲学的実在論一般が一貫した哲学的立場として可能だということを認めないということなのだからである。その際、まさに二元論と諸対立の止揚としての弁証法を、ヘーゲルは、観念論と実在論の対立をも解消することができるように置き換えたのだからである。もしマルクスが、弁証法はその限界を知り、その限界を承認しなければならないとたびたび語っているとしたら、それによって彼が体系的にねらいを定めているのは、まさにこの点である。しかし、一方では、そのやり方が全体として弁証法的なままでありながら、しかし他方でそれが——それはそれとしてまず規定されなければならない意味で——観念論的とはならないために、哲学的基礎カテゴリー、そしてまた社会的現象のヘーゲルによる解明をどのように転換すれば、この実在論と必ず一致することになるのかを、マルクスはどこにもはっきりとは述べていないのである。しかし、マルクスがこの点に関して問題意識を持っていたことは、〈経済学(ポリティカル・エコノミー)批判において問題となっているのは観念論的構築であるという見た目を解消しなければならない〉という彼のコメントが証明している。

　最終的にマルクスは、ヘーゲル哲学の中心的カテゴリーおよび定理に変更を加えながら、一方では新しい、つまりマルクスの理論枠組みに適合し、しかし他方ではマルクスが決して放棄しようとしなかった弁証法の特殊な実現能力を失わないようにしなければならないという課題の前に立っていた。マルクスが、自分がこうした課題の前に立たされていたことを実際に分かっていたことは、フォイエルバッハ・テーゼが書き留められていたのと同じメモ冊子に見出される彼の次のコメントが証明している。「お前の行う表象された対象の止揚、意識の対象としての対象の止揚は、現実的な対象的止揚、すなわち思考とは区別された感性的な行為、実践および実在的活動と同一視されている。(もっと展開すること)」(MEW 3, 536)〔「見解」、536頁〕。しかしマルクスがこの課題について詳細に展開することはなかった。ひょっとしたらそれは、彼がさらなる知的反転の道のりにおいて次のような立場に至ったからでもあるのかもしれない。つまりそれは、彼の経済学(ポリティカル・エコノミー)批判によって、哲学という分野を過去のものにしてしまったと考えたがゆえに、もはやそうした哲学的理論的営みを行う必要はないという立場である。しかし、依然として確認され得るのは、『資本論』として彼自身によって公刊されたバージョンのこの批判プログラムの理論タイプは、やはり個別科学的に設計されてはおらず、そのヘーゲルの遺産に基づいて、真正に哲学的なままにとどまっていたのだということである。経験的にあるいは個別科学的に形成された哲学として、マルクスの理論は科学主義のグループに

第7章　ヘーゲル弁証法の止揚　169

属するものではない。それは、多くの者たちが——時にはその中にはその著者自身も含まれていることもあるが——個別科学から学んだ理論構築と科学主義的な理論構築との間のわずかなすき間を取り去ってしまおうという誘惑に、時折負けてしまうとしてもそうなのである。それゆえ、マルクスの理論プログラムを生産的に自家薬籠中のものとするには、批判的な哲学が、どのようにして（そしてどの程度）個別科学に関わらなければならず、どこでその自立性に固執しなければならないのかというやり方を示すという課題の前にも立たされなければならないことになるのである。このこともまた、逆方向であるとはいえ、〈弁証法はその限界を知らなければならない〉というマルクスの要求に属しているのである。

　もしマルクスが『資本論』において、彼のパリにおけるヘーゲル批判以降20年以上経ってから、資本形態における価値を『資本論』の中で「自動的主体」(MEW 23, 169)〔『資本論 第1巻』、262頁〕と呼んだのだとするならば、その場合このことは、〈ヘーゲル論理学は「精神の貨幣、人間と自然の思弁的な価値、その思想価値」(134. 8-10)〔『経哲草稿』、493頁〕である〉という彼のコメント同様にまさに文字通りに受け取られなければならない。

　彼のヘーゲルとの対決の哲学的な基本骨組みと論証構造を目にするならば、マルクスが、1867年に『資本論』第1巻によって提示した、国民経済学的な疎外された現実に対して彼が遂行した批判において、ヘーゲルの『大論理学』がこの疎外状況の叙述のための手段として引き合いに出されることが可能であったということは驚くべきことではない。1872年に刊行された第二版への「後記」においてマルクスは、「『資本論』で用いられた方法は（…）あまり理解されていない」(MEW 23, 25)〔『資本論 第1巻』、23頁〕と述べざるを得なかった。それゆえマルクスは、〔先に引用したように〕次のようなことをはっきりさせなければならないことを理解していたのである。

　　「私の弁証法的方法は、その基礎に関してヘーゲルの弁証法と異なっているだけではなく、その直接の反対物である。ヘーゲルにとって、彼が理念という名のもとにおいてさえ自立的な主体に変えた思考過程は、現実的なもののデミウルゴスであり、この現実的なものは思考過程の外的現象をなすものでしかないのである。私においては逆に、理念的なものは、人間の頭の中で転換され翻訳された物質的なものに他ならない。」(MEW 23, 27)〔『資本論 第1巻』、28頁〕

すでに引用した1858年1月16日のエンゲルス宛の書簡でマルクスは、ヘーゲル『論理学』の再読が彼にとって大いに有用であったことを述べていたが、その手紙で彼はさらにこう書いている。

「もしいつかまたそんな仕事をする暇でもできたら、私は是非とも全紙(ボーゲン)2、3枚相当の紙幅を費やして、ヘーゲルが発見しながらしかし同時に神秘化してしまった方法に含まれている合理的なものについて、普通の理解力の人にもわかりやすいように書いてみたいものだ。」(MEW 29, 260)〔「手紙116 マルクスからエンゲルス(在マンチェスター)へ」、206頁〕

私たちが今日知っているように、そのような仕事のための時期が再びやってくることはなかった。それゆえ、私たちは今日自分たちでそうした仕事に取りかかり、以下のようなことに関する理解を展開しなければならない。つまり、いかなる仕方でマルクスはヘーゲル弁証法を転換し、それをこうした「脱神秘化された」形態における叙述の方法として、彼自身の経済学(ポリティカル・エコノミー)批判の基礎に据えたのかについての理解である。この手紙の中でマルクスが約束している手稿が今日まで発見されていないというだけではなく、こうした連関についての、完全で詳細に練り上げられた再構成も依然として存在しないのだと言ったとしても、それは確かに誇張ではないだろう。ただし、この穴を埋めることが本書の目標であったのではない。本書の目標はせいぜい、ここに埋められるべき大きな欠落が存在しているのだということを示すことであった。

## 参考文献

[訳者注] 以下の文献リストは、原著に付されていた文献リストに、日本語訳のあるものについては、それを付記したものである。本文中で引用されている、マルクス、マルクス／エンゲルス、ヘーゲル、ヘス、フォイエルバッハのテクストの訳については「凡例」を参照されたい。

Angehrn, E. / Lohmann, G. (1986): *Ethik und Marx*. Königstein/Ts.
Archibald, W.P. (1989): *Marx and the Missing Link: Human Nature*. Humanities Press.
Bauer, B. (1843): *Die Judenfrage*. Braunschweig.
Bauer, B. (1889): „Die Fähigkeit der heutigen Juden und Christen, frei zu werden". In: Herwegh (Hrsg.), *Einundzwanzig Bogen aus der Schweiz*. Zürich und Winterthur. Hier zitiert nach der von Ingrid Pepperle herausgegebenen Ausgabe, Leipzig 1989.
Böhm, A. (1998): *Kritik der Autonomie. Freiheits- und Moralbegriffe im Frühwerk von Karl Marx*. Syndikat.
Breckman, W. (1999): *Marx, the young hegelians, and the origins of radical social theory*. Cambridge University Press.
Brudney, D. (1998): *Marx's Attempt to leave Philosophy*. Harvard University Press.
Brudney, D. (2010): „Producing for others". In: H.-C. Schmidt am Busch & C. F. Zurn (Eds.): *The Philosophy of Recognition: Historical and Contemporary Perspectives*. Lexington Books, pp. 151-188.
Buchanan, A.E. (1982): *Marx and Justice*. Rowman & Littlefield.
Burkhardt, B. (1993): *Hegels „Wissenschaft der Logik" im Spannungsfeld der Kritik*. Georg Olms.
Chitty, A. (2009): "Species-Being and Capital". In: A. Chitty & M. McIvor (Eds.): *Karl Marx and Contemporary Philosophy*. Palgrave-Macmillan, pp. 123-142.
Cohen, M. et al. (Eds.) (1981): *Marx, Justice, and History*. Princeton, Princeton University Press and the contributions to K. Nielsen & S.C. Patten (Eds.): *Marx and Morality* (= *Canadian Journal of Philosophy*, Supplementary Volume VII). Ontario.
Cohen, G.A. (1980): *Karl Marx's Theory of History*. Princeton University Press
Ellmers, S.(2015): *Freiheit und Wirtschaft. Theorie der bürgerlichen Gesellschaft nach Hegel*. transcript Verlag.
Feuerbach, L. (1982): *Gesammelte Werke*. Band 9 (herausgegeben von Werner Schuffenhauer). Akademie-Verlag.
Fulda, H.F. (1978): „Dialektik als Darstellungsmethode im ‚Kapital' von Marx". In: Ajatus 37, S.180-216.
Grün, K. (1844): *Die Judenfrage. Gegen Bruno Bauer*. Darmstadt.
Habermas, J. (2005): *Zwischen Naturalismus und Religion*. Suhrkamp.〔ユルゲン・

ハーバマス『自然主義と宗教の間』庄司信・日暮雅夫・池田成一・福山隆夫訳、法政大学出版、2014年〕

Hartman, K. (1970): *Die Marxsche Theorie*. De Gruyter.

Hegel, G.W.F. (1968): *Gesammelte Werke*. In Verbindung mit der Deutschen Forschungsgemeinschaft hg. v. der Rheinisch-Westfälischen Akademie der Wissenschaften und Künste. Hamburg. (hier zitiert als: GW, Band, Paragraph).

Hegel, G.W.F. (1970): *Hegel's Philosophy of Nature. Volume Three: Organics*. George Allen and Unwin LTD, S.172-173; this text was edited and translated by M. J. Petry ; emphasis in the text follows the third edition of the German original.

Hegel, G.W.F (1977): *Phenomenology of Spirit*. trans.A.V. Miller, Oxford University Press.(hier zum Teil zitiert als PhS (quotes give the section numbers)).

Hegel, G.W.F. (1986): *Jenaer Systementwürfe I*. Felix Meiner. (ヘーゲル「精神哲学草稿 I(1803-04年)」、加藤尚武監訳『イェナ体系構想』法政大学出版局、1999年)

Hegel, G.W.F (1987): *Jenaer Systementwürfe III*. Felix Meiner. (ヘーゲル「精神哲学草稿 II(1805-06年)」、加藤尚武監訳『イェナ体系構想』法政大学出版局、1999年)

Hegel, G.W.F. (1988): *Phänomenologie des Geistes*. Felix Meiner.

Hegel, G.W.F (1991): *Elements of the Philosophy of Right*. Cambridge University Press.

Hess, M. (1961): *Philosophische und sozialistische Schriften. 1837-1850*. Akademie.

Iorio, M. (2003): *Karl Marx — Geschichte, Gesellschaft, Politik*. De Gruyter.

Lange, E.M. (1980): *Das Prinzip Arbeit*. Ullstein Taschenbuchvlg.

Lange, E.M. (1986): „Verein freier Menschen, Demokratie, Kommunismus". In: Angehrn, E. & Lohmann, G. (Hrsg.): *Ethik und Marx*. Athenäum Verlag, S.102-124.

Leopold, D. (2007): *The Young Karl Marx*. Cambridge University Press.

Magnis, F. von (1975): *Normative Voraussetzungen im Denken des jungen Marx*. Karl Alber.

Marx, K. (1844): „Zur Judenfrage". In: Ruge/Marx (Hrsg.): *Deutsch-Französische Jahrbücher*. Paris 1844 (hier zitiert nach der von Joachim Höppner herausgegebenen Ausgabe Leipzig 1981, 266-299).

Marx, K. & Engels, F (1956).: *Werke*. Berlin. (zitiert als: MEW Band, Seite).

Marx, K. & Engels, F. (1975): *Collected Works*. Volume 3: Marx and Engels 1843-1844. Progress Publishers. (hier zitiert als: CW).

Marx, K. (1981): *Ökonomisch-philosophische Manuskripte* (in Werke, Ergänzungsband 1). Berlin (zitiert als: ÖPM).

Marx, K. / Engels, F. (1982): *Marx/Engels Gesamtausgabe*. Band I.2. Berlin, (hier zitiert als: MEGA$^2$, Abteilung, Band, Seite).

Marx, K.: *The Commodity*. In: A. Dragstedt (ed.): Value: Studies by Karl Marx. Park Publications, pp. 7-40 (hier zitiert als: CO, Seite).

Marx, K.: *Results of the Immediate Process of Production*. In: A. Dragstedt (ed.): Value:

Studies by Karl Marx. Park Publications, pp. 77-193 (hier zitiert als: RIPP, Seite).
Meikle, S.(1985): *Essentialism in the thought of Karl Marx*. Duckworth.
Moggach, D. (2003): *The Philosophy and Politics of Bruno Bauer*. Cambridge University Press.
Nielsen, K. & Patten, S.C. (Eds.) (1981): *Marx and Morality*. Ontario, Canadian Journal of Philosophy, Supplementary Volume VII.
Peffer, R. G. (1990): *Marxism, Morality, and Social Justice*. Princeton. Kap. 3.
Pippin, R. B. (2008): *Hegel's Practical Philosophy*. Cambridge University Press.〔ロバート・B・ピピン『ヘーゲルの実践哲学――人倫としての理性的行為者性』星野勉（監訳）・大橋基・大藪敏宏・小井沼広嗣訳、法政大学出版局、2013年〕
Quante, M. (1993): *Hegels Begriff der Handlung*. frommann-holzboog.〔ミヒャエル・クヴァンテ『ヘーゲルの行為概念――現代行為論との対話』高田純・後藤弘志・渋谷繁明・竹島尚仁訳、リベルタス出版、2011年〕
Quante, M. (2002a): „Existenzielle Verpflichtung und Toleranz. Anfragen an den religiösen Philosophien Hilary Putnam". In: Raters/Willaschek (Hrsg): *Hilary Putnam und die Tradition des Pragmatismus*. Suhrkamp, S.344-362.
Quante, M. (2002b): „Zeit für Marx? Neuere Literatur zur Philosophie von Karl Marx". In: *Zeitschrift für philosophische Forschung* 56, S.449-467.
Quante, M. (2004a): „Georg Wilhelm Friedrich Hegel — Individuelle Freiheit und sittliche Gemeinschaft". In: A. Beckermann & D. Perler (Hrsg.): *Klassiker der Philosophie heute*. Reclam, S.419-438.
Quante, M. (2004b): *Hegel's Concept of Action*. Cambridge University Press.〔ミヒャエル・クヴァンテ『ヘーゲルの行為概念――現代行為論との対話』高田純・後藤弘志・渋谷繁明・竹島尚仁訳、リベルタス出版、2011年〕
Quante, M. (2006): „Die fragile Einheit des Marxschen Denkens. Neuere Literatur zur Philosophie von Karl Marx". In: *Zeitschrift für philosophische Forschung* 60. S.590-608.
Quante, M.(2008a): „William James´ Rechtfertigung religiöser Überzeugungen". In: Bickmann et al. (Hrsg.): *Religion und Philosophie im Widerstreit?* Traugott Bautz, S.383-395.
Quante, M. (2008b): „Karl Marx (1818-1883). In: O. Höffe (Hrsg.): *Klassiker der Philosophie* (Band 2). C.H.Beck, S.129-142.
Quante, M. (2009): „Kommentar". In: *Karl Marx: Ökonomisch-Philosophische Manuskripte*. Studienausgabe mit Kommentar. Suhrkamp, S.209-410.
Quante, M. (2010): „After Hegel. The Realization of Philosophy through Action". In: D. Moyar (Ed.): *Routledge Companion to 19th Century Philosophy*. Routledge, pp. 197-237.
Quante, M. (2011): *Die Wirklichkeit des Geistes*. Suhrkamp.〔ミヒャエル・クヴァンテ『精神の現実性―ヘーゲル研究』後藤弘志・桐原隆弘・硲智樹訳、リベルタス出版、2018年〕

Quante, M. & Schweikard, D. (2009): ",Leading a Universal life': the systematic relevance of Hegel's social philosophy". In: *History of the Human Sciences* (22), pp. 58-78.
Rosen, Z. (1977): *Bruno Bauer and Karl Marx.* Springer.
Rosen, Z. (1983): *Moses Hess und Karl Marx.* Christians.
Rorty, R. (1993): *Eine Kultur ohne Zentrum.* Reclam.
Rózsa, E. (2007): *Hegels Konzeption praktischer Individualität.* mentis.
Rózsa, E. (i.E.): „*Hegels Wirtschaftsphilosophie in seiner Rechtsphilosophie von 1820*" (im Erscheinen).
Ruge, A. (1847): *Gesammelte Schriften.* Mannheim, Band 6, 22.
Schampel, J. (1984): *Das Warenmärchen. Über den Symbolcharakter der Ware im ‚Kapital' von Karl Marx.* Rimbaud Presse (2nd edition).
Schelling, F.W.J. von (1985): *Ausgewählte Schriften.* Band IV (herausgegeben von Manfred Frank). Suhrkamp.
Schmidt am Busch, H.-C. (2007): *Religiöse Hingabe oder soziale Freiheit.* Felix Meiner.
Schmidt am Busch, H.-C. (2011): *‚Anerkennung' als Prinzip der kritischen Theorie.* De Gruyter.
Schmidt am Busch, H.-C. und Zurn, C.F. (2010): *The Philosophy of Recognition: Historical and Contemporary Perspectives.* Lexington Books.
Siep, L. (1979): *Anerkennung als Prinzip der praktischen Philosophie.* Karl Alber.
Siep, L. (1992): *Praktische Philosophie im Deutschen Idealismus.* Suhrkamp. 〔ルート ヴィッヒ・ジープ『ドイツ観念論における実践哲学』上妻精監訳、晢書房、1995年〕
Siep, L. (2015): *Der Staat als irdischer Gott. Genese und Relevanz einer Hegelschen Idee.* Mohr Siebeck.
Sweet, R.T. (2002): *Marx, Morality and the Virtue of Beneficence.* University Press of America.
Thomson, E. (2004): *The Discovery of the Materialist Conception of History in the Writings of the Young Marx.* Edwin Mellen Pr.
Vieweg, K. (2012): *Das Denken der Freiheit.* Wilhelm Fink.
Vieweg, K. (2014): „Jenseits von Wall Street und People's Republic". In: H. Rosa & K. Vieweg (Hrsg.): *Zur Architektonik praktischer Vernunft — Hegel in Transformation.* Duncker & Humblot, S.11-27.
Wood, A. (1981): *Karl Marx.* Routledge.

# 訳者あとがき

　本書は、現在ドイツを代表する哲学者であるミヒャエル・クヴァンテによるマルクス論である。凡例にも記したように、本書の原著は Marxaufsätze（「マルクス論集」）と題されており、クヴァンテがこれまでマルクスの哲学について執筆した論文を編んだものである。第 1、2、4、6、7 章はドイツ語で、3、5 章は英語で執筆されている。原文には、6.2 と 6.3 の間に「ロスト・イン・トランスレーション Lost in Translation」（このタイトルはもちろんソフィア・コッポラの 2003 年の映画のタイトルからとられている）と題された「補論」が挿入されているが、これはマルクスのテクストの英訳の問題点について論じた箇所であるため著者とも相談し本訳書では割愛した。

　この翻訳にあたって、クヴァンテ氏が日本語版への序文を寄せてくれたので、これも合わせて訳出している。

　原著の書誌情報が記載されていないことに疑問を持たれる読者もいるかもしれないが、実は本書は本国ドイツで出版されたものではない。つまり本訳書の底本となっているドイツ語と英語のテクストは、未刊行の著作であるということになる。今回、このような異例の訳書を出版することになったのは、ミュンスター大学のクヴァンテ氏のもとに留学している瀬川と大河内にクヴァンテ氏から本書の日本語訳の提案をいただいたことがきっかけであった。もととなったファイルを読ませていただいたところ、このマルクス生誕 200 年の年に翻訳する価値のあるものと思われたのでお引き受けすることにし、さらにマルクスの専門家である明石と菊地が加わり、この翻訳のプロジェクトが始まることになった。

　それぞれ担当した箇所は以下の通りであるが、訳が出そろったところでそれぞれ相互に訳稿をチェックし合い、大河内が最後に全体の訳語や文体の調整を行った。

　　第 1・2・3 章：瀬川／第 4 章：菊地／第 5 章：明石／第 6・7 章：大河内

　本書は、すでにハンガリー語訳が刊行されており、イタリア語訳も近日出版予定とのことである。

*Marxról. Válogatott Tanulmányok.* Budapest: L'Harmattan 2018.（ハンガリー語）
*Studi Sulla Filosofia Di Karl Marx.* Mailand: Franco Angeli 2019.（イタリア語）

著者によれば、その他三ヵ国語の出版計画があるとのことである。

著者であるミヒャエル・クヴァンテは、ヘーゲル研究者あるいは倫理学研究者として知られている。すでに五冊の著書が日本語に訳されているが、いずれもヘーゲルあるいは一般倫理学・応用倫理学に関するものである。しかし、クヴァンテは一貫してマルクスにも取り組んできた。大河内留学中の2005年頃クヴァンテがケルン大学に赴任してすぐに『経済学批判要綱』についてのゼミを開講していたのを記憶しているが（出席していたわけではないが）、その後2009年には『経済学哲学草稿』の注釈付きテクストを刊行し現在までに三刷を重ねているほか、2018年には『和解せざるマルクス』Der unversöhnte Marx と題する小著を刊行している。

本書で展開されている、クヴァンテのマルクス解釈の特徴としては、第一に哲学的なマルクス解釈であるということ、第二に、マルクスの思想の発展史における連続説を採用していること、を挙げることができる。この二点は、密接に関連しており、以下で簡単に解説したい。

日本は、おそらく「マルクスの哲学」についてもっとも議論されてきた国であろう。しかし、その際にもマルクスの哲学とその経済学とがかならずしもきちんと峻別されて議論されてきたわけではない。ときには『資本論』を中心とするマルクスのポリティカル・エコノミー批判について論じることがそのままマルクスの哲学と称されることもあった。本書は、この区別に自覚的に「マルクスの哲学」を論じるものであり、その限りでヘーゲル左派における論争を端緒に、「ユダヤ人問題」、『経哲草稿』、「ミル評注」、『ドイツ・イデオロギー』といった、初期のテクストに重点が置かれている。それはマルクスが明示的に哲学について論じているのが『ドイツ・イデオロギー』以前のことであり、「哲学的意識を清算」して以降のマルクスが哲学について論じることはほぼなくなるからである。

しかし、本書のアプローチは、後期のポリティカル・エコノミー批判に、初期の哲学が前提となっていることをあぶり出すことで、マルクスに一貫した「哲学」が存在していたことを明らかにしようとするものである。そこにはクヴァンテの専門とする倫理学が大きな役割を果たしている。それというのも、後期の資本主義批判が機能しうるためにはそこにマルクスの価値判断ないしは「正義論」が前提されて

---

（1）Michael Quante, *Karl Marx: Ökonomisch-Philosophische Manuskripte. Studienausgabe mit Kommentar*. 3. Aufl. Frankfurt am Main: Suhrkamp Verlag, 2018.
（2）Michael Quante, *Der unversöhnte Marx. Die Welt in Aufruhr.* Münster: Mentis, 2018.

いなければならないからであり、それは初期の「類的存在」の形而上学に由来するものと考えられるからである。

ここにはふたつの主張が絡み合っている。ひとつは、マルクスにとって一貫して哲学が重要であったということ、そしてその哲学に初期から後期への転換（断絶・転回）は存在しないということである。したがって、一方でアルチュセールのように哲学から科学への認識論的切断を主張する論者とも、マルクスが初期の形而上学を克服するという「哲学」上の転換を果たしたと主張する日本の廣松渉らとも異なり、むしろ初期の形而上学が一貫して維持されていたことをクヴァンテは主張する。

クヴァンテのマルクス解釈の第三の特徴もこの点と関連している。それは、ヘーゲルとマルクスとの関係の問題である。もちろん、ヘーゲル=マルクス関係もまたマルクス研究史においてもっとも頻繁に議論されてきたトピックである。しかし、クヴァンテは最新のヘーゲル研究の知見を用いることで、上記の哲学的連続性テーゼを補強する。クヴァンテによれば、マルクスの類形而上学の基礎をなしているのは、承認論と行為論であり、それはマルクスがヘーゲルの『精神現象学』の読解を通じて採り入れたものである。承認論はこの40年間ヘーゲル哲学においてもっとも頻繁に議論されてきたトピックであり、行為論はクヴァンテ自身彼の博士論文『ヘーゲルの行為概念』[3]で取り組んだことがあるように、この20年ほどヘーゲル研究において注目されているトピックである。そしてまた、ここではあえて詳細に述べることはしないが、マルクスにおけるヘーゲル弁証法の反転という古典的なテーマについても、本書は独自の解釈を与えている。

本書の各章は、密接に連関しあっているとはいえ、それぞれ単独の論文として書かれていることもあり、読者はどの章からでも読み始めることができるだろう。以下では簡単に各章の概要を述べておく。

第1章「人間の解放」は、いわゆるヘーゲル左派における「ユダヤ人問題」をめぐる論争を取り上げる。そこでクヴァンテは、ブルーノ・バウアー、カール・グリューンのこの問題への態度とマルクスのそれとを比較し、共通点と相違点を明らかにすることで、前二者の宗教哲学的−政治的戦略および実際的−政治的戦略とは異なるマルクスの本質主義的−人間学的戦略を浮き彫りにする。クヴァンテによれば、こ

---

(3) Michael Quante, *Hegels Begriff der Handlung.* Stuttgart-Bad Cannstatt: frommann-holzboog, 1993〔ミヒャエル・クヴァンテ『ヘーゲルの行為概念』、高田純・後藤弘志・渋谷繁明・竹島尚仁訳、リベルタス出版、2011年〕

れは倫理学的な含意をもっており、この立場が次章以降で詳細に明らかにされるマルクスの哲学の出発点となるとともに、その議論のリベラル＝コミュニタリアン論争など現代の議論への寄与も示唆される。

第2章「政治的なものの埋葬」では、むしろマルクス批判が展開される。ヘーゲル・フォイエルバッハ・ヘスに「類形而上学」の源泉を辿りながら、マルクスがヘーゲル哲学の対象化理論と「否定の否定」の論理を採り入れ、この類形而上学を拡張していることが示される。しかし、こうした形而上学も、規範性の排除と個別性の抹消に陥ることでむしろヘーゲルから離れ、そこに「政治的なものの埋葬」が見出される。これが20世紀におけるマルクスの理論の実現の試みが失敗したことの源泉となったとされる。

第3章「承認と類的存在」は、本書の核となる章と言ってよいだろう。ここでクヴァンテは『経哲草稿』の「疎外された労働」ならびに「ミル評注」の詳細な分析を通じて、マルクスの疎外概念の基礎に承認概念を見出す。この承認にもとづく「価値評価的な哲学的人間学」からマルクスの本質主義に説明が与えられることになる。まさにそこに類的存在概念の形而上学的かつ倫理的含意が見出されるのである。

第4章「歴史の構想」は『ドイツ・イデオロギー』を取り上げる。クヴァンテによれば、『ドイツ・イデオロギー』の歴史構想の出発点となっているのは、『経哲草稿』では疎外の歴史的起源について未解決であったことと、シュティルナーによるフォイエルバッハやヘスに対する批判が、マルクス自身の類形而上学に当てはまるものであったことである。これに応える過程で練り上げられた、「歴史記述に唯物論的土台を与える」（MEW, 3 S.28）〔『ドイツ・イデオロギー』、24頁〕歴史把握の構造を明らかにし、それによってマルクス・エンゲルスが「経験と形而上学との関係」という問題に取り組んでいたことを浮き彫りにする。

第5章「承認と経済学批判」はもう一つの要となる章であり、そこでは後期の経済学批判において、承認に基づく価値概念が中心的であることが明らかにされる。『資本論』の初版（1867年）とマルクスの「直接的生産過程の諸結果」の分析を通じて、その『精神現象学』自己意識章との関連が明らかにされ、第3章で明らかにされた類形而上学が依然として有効であることが指摘されることで、断絶テーゼは退けられる。

第6章「市場批判」は、行為論からマルクスとヘーゲルに切り込む。それは第3章と第5章における承認論とも関連しており、承認論がマルクスの市場批判と齟齬

をきたすものではないことを明らかにするのが本章のねらいである。市場は、意図せざる行為の帰結の問題として、現代行為論ないしヘーゲルの行為論として議論されている問題に接合され、マルクスとヘーゲルの差異が明らかになるとともに、両者の限界も示されることになる。

　最後の第7章「ヘーゲル弁証法の止揚」は、ヘーゲル論理学とマルクスとの関係に取り組み、ヘーゲル弁証法の「反転」というたびたび議論されてきた比喩の内実について新たな解釈が提示される。しかしまたそれは解決というよりも、マルクスが実在論的に弁証法を書き換えるという課題に直面していたこと、その困難さを指摘するものである。

　本書で提示されている議論では、いくつかの論点は提示されながらその解答は意図的にオープンなままとなっている。また、ときに同じ箇所を、強調点を変えながら引用するクヴァンテのスタイルに困惑される読者もいるかもしれない。しかし、そうしたテクスト読解をつうじて、マルクスのテクストに少なくとも取り組まれるべき哲学的課題が存在することを明らかにしていることが、何よりも本書の意義であろう。本書は多くの異論も呼ぶであろうが、それがまた本書の魅力であると信じている。本書の刊行が生誕200年を迎えたマルクスの研究に新たな議論を喚起することを期待したい。

2018年12月<br>
訳者を代表して　大河内泰樹

【著者略歴】
**Michael Quante**（ミヒャエル・クヴァンテ）
1962年生まれ。ベルリン自由大学、ミュンスター大学で哲学を専攻。1992年にミュンスター大学で博士号取得、2001年に教授資格を取得。デュイスブルク＝エッセン大学教授、ケルン大学教授を経て、2009年からミュンスター大学教授。
ヘーゲルを中心としたドイツ観念論の研究のほか、生命医療倫理学の面でもドイツの研究をリードしている。

【訳者略歴】
**大河内泰樹**（おおこうち・たいじゅ）
一橋大学大学院社会学研究科・教授、専攻：哲学。Dr. der Philosophie (ボーフム・ルール大学哲学・教育学・マスコミュニケーション学部)。
著書に、Ontologie und Reflexionsbestimmungen. Zur Genealogie der Wesenslogik Hegels (Königshausen und Neumann, 2008)、『個人的なことと政治的なことジェンダーとアイデンティティの力学』（共著・彩流社、2017年）、『マルクスの構想力　疎外論の射程』（共著、社会評論社、2010年）、訳書に、マルクス・ガブリエル／スラヴォイ・ジジェク『神話・狂気・哄笑―ドイツ観念論の主体性』（共訳、堀之内出版、2015年）など。

**瀬川真吾**（せがわ・しんご）
ミュンスター大学哲学科博士課程、専攻：生命倫理学。
共編著に、Der Begriff der Person in systematischer und historischer Perspektive (mentis, 2019)、論文に、「生命医療倫理学における人格概念の限界とその有用性」（日本生命倫理学会編『生命倫理29』2018年）、共訳書に、ディーター・ビルンバッハー『生命倫理学――自然と利害関心の間』（法政大学出版局、2018年）など。

**明石英人**（あかし・ひでと）
駒澤大学経済学部・准教授、専攻：社会経済学。博士（社会学、一橋大学大学院社会学研究科）。著書に『マルクスとエコロジー――資本主義批判としての物質代謝論――』（共著、堀之内出版、2016年）、共訳書にミヒャエル・ハインリッヒ『「資本論」の新しい読み方――21世紀のマルクス入門――』（堀之内出版、2014年）、ケヴィン・B・アンダーソン『周縁のマルクス――ナショナリズム、エスニシティおよび非西洋社会について――』（社会評論社、2015年）など。

**菊地賢**（きくち・さとる）
一橋大学大学院社会学研究科博士課程、専攻：初期マルクス。
論文に「マルクスのマックス・シュティルナー批判の意義について」（『唯物論』92号、2018年）

## リベルタス出版 ミヒャエル・クヴァンテ翻訳書のご案内

## ヘーゲルの行為概念——現代行為論との対話——
【訳】髙田 純(札幌大学名誉教授)[監訳]／後藤弘志(広島大学大学院文学研究科教授)
渋谷繁明(鎌倉女子大学非常勤講師)／竹島尚仁(岡山大学非常勤講師)

世界で最初のヘーゲル行為論の本格的研究書。『法哲学』を基本に、行為の内部構造を解明し、現代哲学の行為論との接点を探る。現代の行為論を学ぼうとする者にとって必携の基本的文献。

定価(本体4200円＋税)　A5判上製 232頁　ISBN978-4-905208-01-3

## ドイツ医療倫理学の最前線——人格の生と人間の死——
【訳】髙田 純(札幌大学名誉教授)[監訳]
盛永審一郎(富山大学名誉教授)／長島 隆(東洋大学文学部名誉教授)
村松 聡(早稲田大学文学学術院文化構想学部教授)
後藤弘志(広島大学大学院文学研究科教授)

人間の生命はいつから始まり、その人生の価値はどこにあり、いかに死を迎えるか？　現代ドイツの生命医療倫理学の代表的研究者としてのミヒャエル・クヴァンテの集大成。

『ドイツ医療倫理学の最前線——人格の生と人間の死』は、英米の哲学で議論された一人称」の存在性格と生命倫理学で話題になってきた安楽死や自己決定論のきめの細かい議論を、いったん人格概念という大きな軌道のうえに乗せなおして、ロックの『人間知性論』(初版1689)の第二版(1694)以来の哲学的な議論の筋道の立て直しを図った著作である。

(図書新聞第3215号 2015年7月18日より加藤尚武先生書評抜粋)

定価(本体5500円＋税)　A5判上製 352頁　ISBN978-4-905208-02-0

## 精神の現実性——ヘーゲル研究——
【監訳】後藤弘志(広島大学大学院文学研究科教授)
【訳】桐原隆弘(下関市立大学経済学部教授)／硲 智樹(広島大学大学院文学研究科准教授)

ヘーゲルの『論理学』を踏まえ、かつ現代の「心の哲学」・「行為論」との批判的対決を通して、『精神現象学』、『法の哲学』に登場する実践哲学的諸概念(行為・人格・意志)の持つアクチュアリティーを、全体論的視点から論じる

定価(本体5000円＋税)　A5判上製320頁　ISBN 978-4-905208-08-2

リベルタス学術叢書 第8巻
## カール・マルクスの哲学

2019年1月29日　第1刷発行

著　者　ミヒャエル・クヴァンテ（Michael Quante）
訳　者　大河内泰樹／瀬川真吾／明石英人／菊地賢
発行者　眞田　範幸
発行所　リベルタス出版
　　　　〒166-0003　東京都杉並区高円寺南1-10-18
　　　　（株）リベルタス内
　　　　電話：03-3311-2612
　　　　http://www.libertas-pub.com
編　集　瀬戸井厚子
組　版　延里　達也
印刷・製本　モリモト印刷株式会社

ISBN 978-4-905208-09-9 C3010
落丁本・乱丁本はお取り換えいたします．
この著作物の全部または一部を権利者に無断で複製（コピー）することは、
著作権の侵害にあたり、著作権法により罰せられます。